Henning Seyboth

gegen DEN STROM

AF219501

Henning Seyboth

gegen DEN STROM

Der Autor

Henning Seyboth beschreibt autobiografisch seinen persönlichen und beruflichen Werdegang. 1950 in Sachsen als Pfarrerssohn geboren, zieht die Familie kurz nach dem Mauerbau 1961 nach Potsdam. Er absolviert die überraschend zur Verfügung stehenden Bildungswege und erlebt als Ingenieur in der DDR, wie mit den wissenschaftlichen und wirtschaftlichen Ressourcen in den Betrieben umgegangen wird. Diese Situation und die politischen Repressalien veranlassen ihn und seine Familie, die DDR legal zu verlassen. Ein Neuanfang in Hessen, berufliche Tief- und Höhepunkte, persönliche Erlebnisse dort und die spätere Rückkehr in die gewandelte Heimat Brandenburg werden geschildert. Immer im Blick ist sein religiöser Hintergrund, wie das Leben eine Achterbahn der Gefühle. Eine Reflexion auf 71 Jahre deutscher Geschichte am Beispiel einer Familie, die zwischen den Systemen hin und her gerissen wurde.

Impressum

Texte: © 2021 Copyright by H. Seyboth
Cover: © 2021 Grafik-Designbüro D. Wendland AGD
Herstellung und Verlag:
BoD– Books on Demand, Norderstedt
ISBN: 978 3 754 34824 6

4

Prolog

Anfang Juli 2002 ging es los. Ich kam in die Psychiatrieklinik. Irgendwo im Grünen. Stilvolle alte Gebäude in einem großzügigen gepflegten Park. Stille! Einzelzimmer. Was sollte ich hier? Was war passiert? Der in mir ablaufende Film gab keine Erklärung dafür. Alles war doch so wohlgeordnet bisher, oder doch nicht? »Himmelhoch jauchzend – zu Tode betrübt!« – sind das nicht die Anzeichen einer beginnenden Schizophrenie? Oder eines Burn-Out? Ärzte und Therapeuten, die hier zahlreich umherliefen, würden es feststellen.

Es sieht alles so friedlich aus hier, das wird schon wieder.

»Entspannen Sie sich! Und nun erzählen Sie mal«, sagte die Therapeutin. Die Sitzung dauerte etwas länger.

Opa, erzähl aus deinem Leben

Dieser Wunsch wurde von meiner Enkelin öfter an mich gerichtet. Offensichtlich hat es sie interessiert, aus welcher Ecke und welchen Verhältnissen man kommt und wieso man so geworden ist, wie sie mich kennt. So lag es nahe, in den Erinnerungen zu kramen und aufzuschreiben, was mir zu meinem Leben einfällt. Es ist doch einiges passiert, wo soll ich anfangen? Ich versuche es über die Stammbäume, die bei mir irgendwann liegen geblieben waren.

Verwandtschaft und Familiengeschichte interessierte mich früher nie besonders. Ich wusste schon den Unterschied zwischen Neffen und Cousins, Nichten und Cousinen, Vettern und Basen. Ich mochte Familientreffen, so selten sie auch stattfanden, war interessiert am Werdegang der parallel aufwachsenden Generationen einer durch die Politik getrennten Familie. Die Familie war nicht klein, die Vorgeschichten umfangreich und interessant. Im fortschreitenden Alter fing ich an, zu lesen und zu recherchieren – und es war spannend. Die Familienchronik meiner »Berliner« Großmutter umfasst 650 handgeschriebene Seiten und wiegt viereinhalb Kilogramm. Ein fast philosophisches Geleitwort daraus will ich nicht vorenthalten:

Geleitwort

Unsere Vorfahren, Menschen vergangener Zeiten, haben die Lebensverhältnisse der Gegenwart vorbereitet und sie haben an der kulturellen, gesellschaftlichen und wirtschaftlichen Welt, in der wir nun leben, mitgewirkt. Generation nach Generation übernahm das Erbe der eigenen Vergangenheit, um es verwandelt in die Zukunft weiterzugeben. Eine lückenlose Kette von Vätern und Müttern verbindet jeden Menschen mit dem Beginn des Menschengeschlechts auf der Erde. Kein Glied darf fehlen, jedes ist notwendig, damit wir selbst jetzt auf der Erde leben können. Wann und wo wir geboren sind, wir wissen es als zu unserem ureigenen Schicksal gehörig, doch musste das Leben eines jeden unserer Ahnen so und nicht anders verlaufen, wie es verlief, damit wir selbst diesen Vater, diese Mutter haben konnten, an diesem Ort und zu dieser Stunde geboren werden konnten. Der Blick in die Geschichte unserer Familie ist der Blick in eine Vergangenheit, in der sich unser eigenes Schicksal zubereitet hat. Nicht diejenigen Menschen nur, deren

6

Taten herausragten und die uns die Geschichte überliefert, haben das Leben der Gegenwart geprägt, sondern auch alle, deren Namen ungenannt bleiben. Ohne die vielverschlungenen Fäden, die Menschen zueinander führen und voneinander trennen, wäre unser eigenes Leben nicht möglich geworden.

Großmutters Ahnen

Ein 14-jähriger Bub aus Nürnberg beginnt in der Nachkriegszeit mit der Ahnenforschung und verfolgt die Familiengeschichte zurück bis zum 30jährigen Krieg. »Das Geschlecht der Fischers in Ummerstadt«, so beginnt die Chronologie seiner und meiner Vorfahren. Das fränkische Ummerstadt lag und liegt bis heute im äußersten Zipfel Thüringens, von Bayerischen Grenzen eingekreist. Hier beginnt die »fränkische Linie« der Familie Fischer. Urväter sind um 1600 herum Johannes und Christoph Bach, die Urgroßväter des berühmten Musikers Johann Sebastian Bach. Fünf Generationen später heiratet eine Katherine Bach den Kaufmann Georg H. Fischer, der wiederum der Urgroßvater meiner Oma Helene war. Wir sind jetzt in Schweinfurt/ Unterfranken. Hier lernt Oma ihren Mann kennen, den späteren Ministerialrat G. S. 1908 heiraten beide und ziehen nach Berlin.

Großvaters Vorfahren

Der Stammbaum der väterlichen Linie geht lückenlos zurück ins 14. Jahrhundert. Mein Großvater, geboren 1880 in Schweinfurt, studiert nach dem Gymnasium Rechtswissenschaften. Zitat: »Nach Ablegung des Staatskonkurses wurde er Rechts- und Zollpraktikant bei der Generaldirektion der Zölle und indirekten Steuern in München und kam im Jahre 1909 als Finanzassessor nach Berlin, wo er 1912 Regierungsrat und 1921 Direktor beim Statistischen Reichsamt wurde. Im Jahre 1922 wurde er als Ministerialrat der Vertretung Bayerns beim Reich in Berlin zugeteilt und 1928 zum stellvertretenden Bevollmächtigten Bayerns zum Reichsrat ernannt.« So wurde ein gut situierter Haushalt in Berlin-Wilmersdorf gegründet. Das heute noch erhaltene Haushaltbuch des Großvaters um 1908 verzeichnet eine gute wirtschaftliche Situation. 1910 wurde der erste Sohn geboren, 1919 der zweite – mein Vater.

Die Eltern – die Familie

Meine Eltern lernen sich im 2. Weltkrieg in Norwegen kennen. Er ist Soldat, sie Luftwaffenhelferin der deutschen Wehrmacht. Es ist für beide die erste Beziehung. Kein Wunder, denn sie sind 1939 im Prinzip von der Schule weg in den Krieg geschickt worden. In Norwegen, bis hinauf nach Spitzbergen, musste Vater für die deutsche Luftwaffe das Wetter und andere Vorkommnisse beobachten und melden. Mutter saß in einer Telefonzentrale in Oslo und gab die Meldungen nach Deutschland weiter. Bei welcher der seltenen Gelegenheiten sich die beiden näherkamen, ist nicht überliefert. Wenn sich unsere Eltern später mit Freunden unterhielten, war Vater immer stolz darauf, im Krieg nicht einen Schuss gehört, geschweige denn abgegeben zu haben. Das können nicht viele von sich behaupten. Nach Kriegsende war das Paar zunächst getrennt, Vater verbrachte noch ein Jahr in norwegischer Kriegsgefangenschaft und wurde 1946 gesund nach Hause entlassen. Ohne Kriegstrauma und vermutlich auch ohne genügende Informationen über die Gräueltaten der untergegangenen Ära.

Die Zukunft konnte beginnen. Ein junger Mann (27), verliebt und vergeben, muss sich zurechtfinden im zerbombten Deutschland, das er nicht wirklich kennt. Der ursprüngliche Berufswunsch – der Familientradition folgend Jura – wurde aufgegeben. Mutter stammte aus einer christlichen Familie in Sachsen und bewegte Vater dazu, Theologie zu studieren. Sein Studium begann 1949 an der Lutherischen Theologischen Hochschule in Oberursel/Taunus und wurde in vier Jahren erfolgreich absolviert. Ob die Berufung zum Pastor die wirkliche Erfüllung für ihn war, wird sein Geheimnis bleiben.

Die Stadt am Rande des Taunus sollte 40 Jahre später eine bedeutende Rolle in meinem Leben spielen.

1947 wurde die Hochzeit meiner Eltern gefeiert, so gut es damals ging. Das Hochzeitsfoto zeigt eine fröhliche Runde der engeren Verwandtschaft und gleichzeitig eines der letzten Fotos meines Berliner Großvaters, er verstarb 1949. Ich habe beide Großväter nie kennengelernt.

So wurde ich hineingeboren in den entstehenden realen Sozialismus. Zwickau in Sachsen, die Heimatstadt meiner Mutter, wurde auch meine Geburtsstadt.

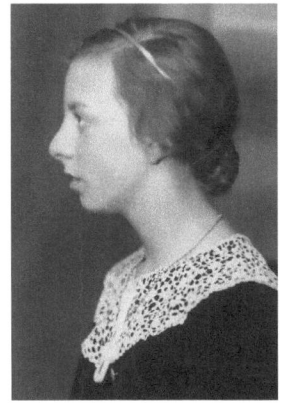

Meine Großmutter mütterlicherseits musste ihre drei Töchter dort allein großziehen, nachdem der Großvater 1925 verstarb. Der Verstorbene war Teilhaber eines Familienunternehmens, einer Druckerei, und hinterließ der Witwe immerhin ein Mehrfamilienhaus in Zwickau-Marienthal. Einige Briefe aus dem Nachlass der sächsischen Großmutter geben zu Protokoll, dass es der ganzen Familie finanziell gar nicht gut ging und das Haus einige Male zur Disposition stand, um die Firma über Wasser zu halten. Oma hat sich standhaft geweigert und so ihre einzige Einnahmequelle über die Zeit gerettet.

Allerdings war es später im DDR-Sozialismus überhaupt kein Vorteil, ein Mietshaus zu besitzen. Die staatlichen Wohnungsverwaltungen legten fest, wieviel Quadratmeter jeder bewohnen darf. Omas 4-Zimmer-Wohnung wurde geteilt und sie musste fortan in zwei kleinen Zimmern wohnen, die andere Hälfte bewohnte eine fremde Familie. Ein Bad gab es nicht, die (Trocken-)Toilette war im Treppenhaus. Die Mieten waren verschwindend gering, was zur Folge hatte, dass die Häuser innen und außen verfielen. Am Ende musste Großmutter ihr Haus an die Stadt verschenken, da das Dach über dem Kopf sprichwörtlich verfaulte. In ihrem Eingangsflur hing aus geschnitztem Holz: **»Dennoch!«** Eine mich sehr beeindruckende trotzige Ansage, wie sie ihr Leben meistern musste!

9

Die Kindheit

So war die Wohnung meiner Oma zunächst die Wohnung unserer jungen Familie. Vater war nur sporadisch »Zuhause«. 1948 kam die erste Tochter zur Welt. Ich war der Zweite, geboren 1950. Die »DDR« war ein Jahr alt, die Mangelwirtschaft des Krieges noch nicht vorbei und die neue erst im Aufbau. In meiner Erinnerung war Zwickau eine hässliche, dreckige Industriestadt, bis in die 1980er Jahre war sie geprägt vom Steinkohlenabbau. Ein verheerendes Grubenunglück forderte dort 1960 das Leben von 123 Bergleuten. In den 1960ern, der Blütezeit des Sozialismus, war es die Geburtsstadt des »Trabant«, weil die Firma AUDI/Horch schon früher dort Autos baute. Wenn ich mit der Oma durch die Stadt lief, kamen wir manchmal am Gefängnis vorbei – es hieß damals noch Zuchthaus – das jagte mir einen Schauer über den Rücken. Auch einige verheerende Hochwassersituationen musste die Stadt erdulden.

Wir verbrachten drei Jahre dort. Vater hatte das Studium vollendet und seine erste Pfarrstelle gefunden. Unsere kleine Freikirche entsandte Vater in ein kleines Dorf im Thüringer Wald mit dem schönen Namen Altengesees, keine 250 Einwohner groß. Gewiss hätte er sich eine andere Ecke Deutschlands vorstellen

können, aber er war durch die Heirat in der Evangelisch-Lutherischen Freikirche in Sachsen gelandet. Sonntäglicher Kirchgang war natürlich Pflicht für uns und die Gepflogenheiten eines abgeschiedenen Dorfes prägten unsere Kindheit.

Ein kleines Kirchlein auf einer Anhöhe bildet die idyllische Silhouette des Dorfes bis heute. Im Winter war die Kirche nicht nutzbar, dann fanden die Gottesdienste im Pfarrhaus statt. Die Kirchgemeinde bestand vielleicht aus 50 Seelen, sonntags waren gefühlt höchstens 20 Leute im Gottesdienst. Und eine eher noch kleinere Gemeinde im Nachbardorf war zu betreuen. Kein Anlass zu Stresserscheinungen. Oder doch? Ein Pfarrhaus für uns allein, nicht groß, erst wenige Jahre alt im Standard der Nachkriegsjahre gebaut. Kein fließendes Wasser! Trockentoilette! Kalt im Winter, warm im Sommer. Das Frischwasser wurde aus dem 100 Meter entfernten Brunnen in Milchkannen geschöpft und mit dem Handwagen ins Haus geholt. Erst ein oder zwei Jahre später gab es eine Wasserleitung aus diesem Brunnen mit einer elektrischen Pumpe. Erst dann war es möglich, uns Kinder – inzwischen vier – wöchentlich oder nach Bedarf zu baden. In der Waschküche im Keller wurde dann der Wäschezuber mit Holz und Kohle geheizt, die Kinder nach und nach (oder zusammen, des Spaßes wegen) in die Zinkbadewanne gesteckt.

Vater, aus der Berliner Beamtenfamilie, hatte noch nie im Leben einen Hammer oder Spaten in der Hand gehabt. Handwerkliche Fähigkeiten hat man – oder man hat sie nicht – erlernen im späteren Alter ist schwierig. Als Musterbeispiel für die berühmten zwei linken Hände könnte er gut herhalten. So fiel es also Mutter zu, Haus und Garten halbwegs in Ordnung zu halten. Es fiel ihr nicht leicht.

Altengesees liegt 550m über N.N. auf dem Kamm des Thüringer Schieferge- birges, die nächsten Städte sind Lobenstein oder Saalfeld. Bis zur innerdeutschen Grenze nach Bayern sind es keine zwanzig Kilometer Luftlinie, der Frankenwald grenzt unmittelbar an. Verkehrstechnisch war das Dorf in den 1950 er Jahren nicht gut versorgt. Es fuhr ein Bus einmal täglich in die Kreisstadt, allerdings nur vom Nachbardorf aus. Die nächste Bahnstation war 10 km entfernt. Die Straßen waren schmal und kurvenreich und die Winter sehr schneereich. So war die Anreise unserer Verwandten damals eine arge Strapaze, denn eigene Fahrzeuge gab es in unserer Familie nicht. Es muss um 1956 herum gewesen sein, als Vater sich ein Moped anschaffte, später einen Motorroller. Und er wechselte die zu betreuende Parochie der Kirche und war fortan nicht mehr Ortspfarrer, sondern Pastor in der Diaspora seiner Kirche. Diese erstreckte sich damals bis in den Harz und weiter, was zur Folge hatte, dass Vater von Freitag bis Montag nicht da war. Mutter war

12

mit uns allein. Das Leben in damaligen Verhältnissen war eine Herausforderung, trotz Haushaltshilfe. Mutter hat es auch nicht wirklich verkraftet und stieß an körperliche und psychische Grenzen. 1957 wurde unsere kleinste Schwester geboren. Sie hatte eine angeborene schwere Krankheit und verstarb nach wenigen Monaten, ohne je zuhause gewesen zu sein.

Wir waren nun vier Geschwister. Die Kindertage waren für uns wunderschön. Unser Auslauf betrug bestimmt gut tausend Meter im Radius, wir waren stundenlang unterwegs auf den Bauernhöfen, in Wald und Feld. Wir lernten viel aus Landwirtschaft und Technik, waren in Kuh- und Schweineställen und Scheunen zuhause, bauten Buden im Wald und kletterten in einem nahegelegenen Steinbruch waghalsige Touren. Viele Bäche und Teiche gab es in der näheren Umgebung, natürlich ohne Zäune. Kein Mensch wäre auf die Idee gekommen, uns zu beaufsichtigen. Das mussten die Geschwister untereinander erledigen. Es hat auch funktioniert. Alles was sich bewegte und drehte, interessierte mich, und es ist wie ein Wunder, dass ich heute noch alle Gliedmaßen besitze. Alles mussten wir ausprobieren. Wir sprechen vom Alter zwischen fünf und zehn Jahren. Spätestens mit acht wusste ich, dank der Anleitung des Schulfreundes, wie ein Trecker zu starten ist. Das war nicht etwa mit Batterie und Anlasser, nein, eine kurze Kurbel musste am Schwungrad des Einzylinders mühevoll – meistens mit zwei Mann – in Bewegung gesetzt werden. Da war es durchaus möglich, dass die schwere Kurbel weit durch die Luft flog. Den Bulldog dann noch zu bewegen, war kein Problem. Wenn die Beine zu kurz waren, wurde eine Latte zu Hilfe genommen, um dann durch das (teils geschlossene) Hoftor zu fahren.

Es gab damals noch die wunderbaren Höhepunkte im dörflichen Leben: Schlachtfeste, Heu- und Kartoffelernte, Hochzeiten, Kirmes, Erntedank. Überall waren wir dabei. Es hat mir nicht viel ausgemacht, dem Schlächter beim Zerlegen der Tiere zuzusehen, den großen heißen Wurstkessel umzurühren, das frische Wellfleisch zu probieren. Die Delikatesse: Frische Wurstsuppe, die Brühe aus dem Kessel, der den ganzen Tag dampfte. Damit sie auch gehaltvoll war, zerstachen wir absichtlich einige Blut- und Leberwürste, das durfte natürlich keiner sehen.

Wie gesagt: immer am Rand der Katastrophe. Zum Beispiel: Bei der Kartoffelernte waren wir immer mit auf dem Acker des Bauern unseres Vertrauens. Im Gegensatz zu meinen Schulfreunden konnte ich mich ja vom Acker machen, wenn es anfing zu schmerzen. Aber ich wollte unbedingt mal die Kartoffelschleuder in Gang bringen, vor die noch ein Pferd gespannt war. Es war schon dunkel, also schnell mal die Zügel in die Hand und daran gezogen, wie es die Bauern auch machen. Hü ...! Nur ein kurzes Wiehern und ein Ausschlag mit dem Hinterhuf in meinen Unterbauch war die Reaktion des Gauls, ich flog einen Meter durch die Luft – und keiner hat es gesehen – auch nicht den blauen Fleck, den ich wochenlang in der Magengegend hatte. Eine Aktion später war folgende: Ich fuhr immer gern auf pferdegetriebenen Kutschen und Leiterwagen mit. Dazu sprang man auf das vorbeifahrende Gespann auf. Wenn es der Kutscher bemerkte, hat er einen wieder verjagt, wenn nicht, blieb man drauf, solange man wollte. Einmal fuhr ein Leiterwagen durchs Dorf, der Bauer, unser Nachbar, bemerkte nicht, wie ich aufsprang. Normalerweise ging es nur ein bis zwei Kilometer weit, dann zurück. Diesmal aber wollte der Weg kein Ende nehmen, mir wurde es unheimlich und ich dachte, es wäre wohl besser, umzukehren. Ich rutschte durch das Loch in der Mitte des Leiterwagens – und geriet unter das Hinterrad. Diese Wagen haben schon ihr Gewicht, aber ich habe wohl günstig gelegen, und der Unterleib hat es wieder unbeschadet überstanden.

Als ich sechs Jahre alt war, gab es dann doch einen Unfall, an dem ich nur bedingt schuld war. Meine Eltern schenkten mir zum Geburtstag ein Kinderfahrzeug, das angeblich dem Training der Rückenmuskulatur dienen sollte. Man lag auf einem Brett mit vier Rädern und zog an einem Gurt, der die Räder antrieb. Dabei konnte man gewisse Geschwindigkeiten erreichen, besonders, wenn es bergab ging. Das war auf der Hofeinfahrt eines Schulkameraden der Fall. Leider habe ich den Stummel übersehen, der die Hoftore in der Mitte aufnimmt, fuhr darüber und kippte um. Als mein rechter Fuß wieder in die Ausgangsstellung zurückfand, zerschnitt ich mir die Achillessehne an dem scharfkantigen Blech einer Öffnung für den Gurt. Ein dreimonatiger Krankenhausaufenthalt war die Folge, eine lange, hässliche Narbe zeugt bis heute davon, dass die Mikrochirurgie noch nicht erfunden war. Prüfsiegel für Spielgeräte auch nicht. Ohne schwerwiegende Folgen blieb die Tatsache, dass ich dadurch meine Einschulung verpasste. Ich wurde sechs Wochen verspätet eingeschult.

Eine Besonderheit des Dorfes war eine caritative Einrichtung der evangelischen Kirche. Ein Heim beherbergte und betreute auf Dauer körperlich und geistig behinderte junge Männer. Einige waren durchaus körperlich fit und wurden zeitweise an die Bauern »ausgeliehen«, die anderen wurden in der Ergotherapie beschäftigt und stellten mehr oder weniger nützliche Sachen her. Wir trafen die Jungs – die »Heimer« – im Dorf oder beim gemeinsamen Kirchgang und lernten so auf ganz natürliche Weise den Umgang mit Behinderten, auch wenn wir uns manchmal über sie lustig machten.

Die Dorfschule

1956 kam ich in die erste Klasse. Unsere Schule war inmitten des Dorfs unterhalb der Kirche. Es gab einen Klassenraum für ca. 20 Schüler. Und nur einen Lehrer, den exemplarischen Dorfschulmeister. Die Kinder der Klassenstufen 1 bis 4 waren alle in einem Raum, ein Lehrer für alle. Morgens pünktlich um 8 Uhr fanden sich alle ein. Einen Stundenplan gab es nicht. Bei Sonnenschein fand der Unterricht draußen statt: Biologie auf der Wiese oder Tierkunde im Wald. Oder Sport, Geländespiele, Schnitzeljagd und Leichtathletik auf dem Dorfanger. Die anderen Fächer waren dann im Schulraum: während die Klassen 1 und 2 Rechenaufgaben lösen mussten, schrieben die Übrigen Diktate oder wurden mit Erdkunde beschäftigt. Keinem hat es geschadet. Leider wurde Dorfschulmeister Rösch ab meiner 4. Klasse abgelöst durch eine junge Neulehrerin. Systemtreu und naiv, hat sie nicht ansatzweise an die Beliebtheit und Ausstrahlung ihres Vorgängers anknüpfen können. Das wohlige Gefühl war dahin. Das lag auch an folgendem Skandal: Meine Berliner Verwandtschaft schenkte mir zu Weihnachten eine Jeans, damals sagte man noch Nietenhose dazu. Am Gürtelschild hinten prangte glänzend der Aufdruck »Cowboy«. Was war ich stolz! Am nächsten Tag in der Schule stellt mich die Neue vor die gesamte Klasse und meint, solchen imperialistischen Kram tragen wir hier nicht, und fordert mich auf, das Schild zu entfernen. Ich war erschüttert, dachte nicht im Traum daran, ihr diesen Wunsch zu erfüllen. Ein Bub vom Dorf durfte sich also nicht Cowboy nennen? Das konnte nur am Bildungsstand der Lehrerin liegen. Leider überstand das blöde Plastik-Schild die nächste Wäsche nicht, von Stunde an wurde das Teil von mir nicht mehr in der Öffentlichkeit getragen.

Ab der fünften Klasse wurde es ernst. Es wurden Zentralschulen eingerichtet, die ganze Kreise abdecken mussten. Eine aufwändige Logistik musste die Schüler bis zu 15 km weit dorthin bringen und wieder wegschaffen. Die Busfahrten waren ganz lustig, bis auf die Tatsache, dass ich eine große Schwester hatte, die immer

15

nicht fertig wurde. Sie trug damals – gewollt oder ungewollt – entweder einen Zopf oder einen geflochtenen Haarkranz. Wenn Mutter mit dem Kunstwerk nicht rechtzeitig fertig wurde, wurde ich schon mal losgeschickt, um den Schulbus am Dorfplatz aufzuhalten. Der hat dann manches Mal geduldig fünf Minuten gewartet.

Ende der 1950er – ich war neun, mein Bruder sieben. Wir sollten nun endlich schwimmen lernen. Das nächstgelegene Schwimmbad war in der 15 km entfernten Kreisstadt. Einmal in der Woche fuhren wir, meistens allein, mit dem Bus dorthin und liefen quer durch die Stadt zum Waldbad. Das Freibad wurde durch einen Bach gespeist, der da vorbeilief. In der Erinnerung war die Wassertemperatur niemals über 16° C. Wir haben unseren »Freischwimmer« irgendwann mühevoll gemacht. Der Heimweg war wieder strapaziös: Der Linienbus endete im Nachbardorf, bis nach Hause zu Fuß, bitteschön, 3,5 km. Ein Nachbar kam mit dem Motorrad von der Arbeit und fragte uns auf der Landstraße, ob er einen von uns mitnehmen soll. Aber sicher, bloß wen? Die Entscheidung fiel natürlich auf den Kleinen, aber bis der auf dem Sozius saß, war ich schon auf dem Gepäckträger. Der gute Mann hat's erst zuhause gemerkt.

Wir wuchsen nun in der Obhut des ganzen Dorfes auf. Pfarrers Kinder sind selten allein, irgendeiner passt von Ferne immer auf. Liebevolle Betreuung gab es auf einem Nachbargehöft durch unsere Brunhilde, der ledigen Tochter eines brummigen Bauernpaares. Sie kümmerte sich um unsere ganze Familie, war die gute Seele des Dorfes und der Kirchgemeinde und sogar die Organistin in der Kirche. Ab und an saßen wir auch an ihrem Tisch zum Mittagessen, ihre Spezialität: Thüringer Klöße. Und Biersuppe, in Malzbier eingeweichtes Schwarzbrot. Einfach köstlich!

So gingen die Jahre in Thüringen dahin. Wir waren körperlich sehr gut versorgt dank umliegender Landwirtschaft. Die Pfarrer wurden manchmal zum Teil noch mit Naturalien entlohnt. Was man sonst noch brauchte, gab es im Dorf-Konsum, der Nachrichtenzentrale des Ortes. Auch eine Gastwirtschaft mit Tanzsaal gab es. Es war die Zeit des Sterbens der privaten Landwirtschaft. Gegen den Willen einiger Bauern wurde im großen Stil die Kollektivierung angeordnet und es entstanden die LPG'en, eine von der Sowjetunion abgeguckte umstrittene sozialistische Zwangskollektivierung. Für die Einen gut, die Anderen nicht. Eine mächtige Welle von Flüchtlingen in Richtung Westen brachte das System DDR ins Wanken.

16

Urlaub

Ein echtes Privileg waren die Urlaubsreisen in die Sommerferien. Pfarrers waren dann mal weg. Es ging immer an die Ostsee, nach Heringsdorf oder Zingst oder Graal-Müritz. Ich nehme an, wir waren die einzigen aus dem Dorf, die damals weiter als 30 km reisten. Es war beschwerlich, aber gerade deshalb ein Abenteuer und gut in Erinnerung. Irgendwann gab es eine Buslinie aus der Bezirksstadt bis nach Usedom. Die Reisezeit für die 600 km konnte 12 Stunden betragen. Einmal blieb der Bus mit Motorschaden auf der Strecke und es wurden 24 Stunden daraus. Aber dafür können wir uns heute noch gut daran erinnern. Eine Eisenbahnstrecke mit Schmalspur und Dampflok war immer dabei. Was für ein Gefühl, mit Dampf und Rauch bei geöffnetem Fenster oder auf der offenen Plattform der Waggons in die Dämmerung zu fahren! An eine Rückreise kann ich mich gut erinnern. Wir kamen spät am Abend an unserer Bahnstation an. Das einzige Familien-Verkehrsmittel war Vaters Motorroller, in einem Schuppen am Bahnhof abgestellt. Wie fährt man jetzt zu sechst mit einem Roller nachts zehn Kilometer nach Hause? Indem man drei Mal verkehrswidrig zu dritt fährt. Den Letzten beißen die Hunde, und der war ich. »Lauf schon mal los, mein Großer«, sagt Vater und meint mich, acht oder neun Jahre alt. Es war stockdunkel, eine Strecke durch den Wald und ein aufziehendes Gewitter. Ich weiß es noch sehr genau, ob es in die Hosen ging, weiß ich nicht mehr.

Dann hatten diese Reisen noch einen Höhepunkt. Auf der Rückreise wurde bei unserer Oma in Berlin-Wilmersdorf haltgemacht. Die Oma väterlicherseits, die West-Oma, sah uns gewöhnlich nur einmal im Jahr. Sie wohnte mit ihrem ältesten Sohn und dessen Familie in einer riesigen Wohnung aus den 1920er Jahren. Wir sahen bei der Gelegenheit also Oma, Onkel, Tante, Cousinen und das riesige Berlin, zumindest vom Zug aus. Oma hatte einen Garten, wo wir gern waren, und Onkel F. hatte ein Segelboot auf dem Wannsee. Wir waren glücklich.

Besuche

Die »Berliner« Oma hat uns auch in Altengesees besucht. Das gut gepflegte Gästebuch der Eltern verzeichnet nur zwei Besuche in diesen Jahren, es war einfach zu beschwerlich, von Berlin nach Thüringen zu kommen und die politischen Verhältnisse gaben den Rest. Dafür hat sie sich aber jahrzehntelang durch regelmäßige Westpakete und andere guten Gaben sehr beliebt gemacht. Dazu kam noch weitere Westverwandtschaft, zum Beispiel unsere Tante Hildegard, jüngere Schwester unserer Mutter. Sie brachte es auf neun Besuche in der Zeit, also etwa einmal pro Jahr, und hat sich Zeit ihres Lebens mühevoll und selbstlos um uns alle gekümmert. Hildegard war ledig – und welterfahren. Als Hebamme hatte sie zunächst einige Jahre in London gearbeitet. Als sie Mitte der 1960er Jahre nach Deutschland zurückkam, wurde sie Angestellte am Flughafen Frankfurt a.M. Mit den damit verbundenen Freiflügen bereiste sie die ganze Welt. Uns Kinder hat das schwer beeindruckt, wenn sie mit hunderten Dia-Fotos (in Farbe!) zurückkam und ihre Reiseberichte gab.

Eine weitere Tante gab es noch: Tante Maria, meine Patentante, war früh verheiratet und wurde bald geschieden. Da das in der mütterlichen Linie ein Novum und wegen der christlichen Haltung eine Katastrophe war, stand sie mit ihren beiden Kindern fortan unter dem Schutz ihrer Mutter und Schwestern. Sie war gesundheitlich eingeschränkt, was aber wegen ihrem fröhlichen und aufgeschlossenen Wesen nicht auffiel. Ich hatte ein gutes Verhältnis zu ihr, bis sie 48-jährig plötzlich verstarb.

Und natürlich: die »Zwickauer Omi«. Vermutlich hat sie es irgendwann aufgegeben, sich im Gästebuch zu verewigen. Sie gehörte zur Familie, sie war nicht ständig da, aber oft. Räumlich nicht so weit entfernt, besuchte sie uns – außer im Winter – und ging im Haushalt der Tochter zur Hand. An die umständlichen Zugfahrten zu ihr nach Hause kann ich mich noch erinnern. Sie war die Seele des Hauses, wenn sie da war und konnte uns – innerlich schmunzelnd – so manchen Fehler verzeihen.

Als Kommunikationsmittel hatten wir ein Telefon und ein Radio im Haus. Anfang der 1960er hielten Fernseher langsam Einzug in die Haushalte. Meine Eltern hielten es für richtig, uns von diesem Kram fernzuhalten und wir kamen mit dem Medium Fernsehen erst in unseren eigenen Haushalten in Berührung, also gut 15 Jahre später.

Unsere Schulbildung funktionierte im Wesentlichen. Was blieb, war ein Manko an weiterer Bildung. Musikunterricht, Sprachen, Kultur usw. waren nicht möglich. Aus diesem Grund und weil Vater sowieso nicht mehr vor Ort tätig war, hielt unsere Familie Ausschau nach einem neuen Wohnort. Das war nicht leicht, denn der Wohnungsmangel in den Städten war gravierend, und wir – als Pfarrfamilie, ohnehin immer am Rand der Gesellschaft – hatten da wenig Chancen. Da halfen nur Beziehungen, die Netzwerke des Überlebens in der DDR. Vater nutzte sie und es tat sich die Möglichkeit auf, in ein kircheneigenes Haus nach Potsdam zu ziehen. Das war 1960, die Verhandlungen zogen sich hin und wurden im Sommer 1961 konkreter. Das von einem Zahnarzt bewohnte Haus wurde durch dessen Republikflucht frei und wir konnten den Umzug planen. Groß war die Freude, in eine Stadt zu ziehen und dann noch in die Nähe unserer Berliner Verwandtschaft. 30 Minuten mit der S- und U-Bahn bis nach Wilmersdorf, was für ein Luxus! Diese Pläne wurden durch den Mauerbau um West-Berlin am 13. August 1961 jäh unterbunden.

Potsdam 1961

Der Umzug fand Anfang Dezember statt. Es war schon ein stattlicher Transport, der unser Umzugsgut vom Provinzdorf in die Großstadt brachte. Ich durfte mit Vater im Möbelwagen mitfahren, Übernacht-Transport. Das Haus in Potsdam war riesig, sieben Zimmer auf zwei Etagen, zwei Balkone und ein Garten dabei. Durch die überstürzte Flucht unserer Vormieter in den Westen waren die Räume noch nicht richtig leer, einiges haben wir übernehmen können und nutzen es bis heute. Wir richteten uns ein und waren gespannt auf unser neues Leben.

Potsdam war Anfang der 1960er Jahre nicht gerade schön. Im April 1945 – keine vier Wochen vor Kriegsende – wurde das Stadtzentrum schwer zerbombt und die Trümmer waren gerade notdürftig weggeräumt. Das Stadtschloss, 1945 schwer beschädigt und ausgebrannt, war ein Dorn im Auge der Regierenden und wurde 1959 beseitigt. Danach war das Gelände bis 1990 eine Brache mitten im Zentrum der Stadt. Garnison- und Heiliggeistkirche ragten als Ruinen heraus und wurden 1968 bzw. 1974 ebenfalls aus ideologischen Gründen gesprengt und beseitigt. Der berühmte Drei-Kirchen-Blick, eine unverwechselbare Silhouette der Stadt, war Geschichte. Nun gab es nur noch die bis heute erhaltene Dominanz der St.-Nikolai-Kirche am Alten Markt. Die nach den Plänen des berühmten preußischen Architekten K. F. Schinkel im 19. Jahrhundert gebaute Kuppelkirche hielt erstaunlicherweise dem Bombardement vom April 1945 stand und stürzte erst infolge der Kampfhandlungen um Potsdam zwei Wochen später durch Artilleriebeschuss ein.

Erst 1981 wurde die Kirche nach jahrzehntelanger Renovierung wiedereröffnet.

Der Wiederaufbau der Stadt hatte gerade erst begonnen. Die Querelen um das zukünftige Stadtbild nahmen Fahrt auf und teilweise groteske Züge an und sind bis heute nicht beendet.

Schnell nahmen wir Besitz vom nahe gelegenen wunderschönen Park Sanssouci, damals schon gut gepflegt. Keine 500 Meter waren die Eingänge zum Park entfernt, auch die anderen Schlösser und Gärten sollten unser Refugium werden.

Die schlimmste Erkenntnis in der neuen Umgebung war: die Welt ist begrenzt für uns. Überall rannten wir gegen Sperranlagen, Schlagbäume, Stacheldraht und – »Die Mauer«. Hunderte von Kasernen innerhalb und außerhalb der Stadt, geschlossene Wohngebiete der sowjetischen Streitkräfte, damit verbunden waren stundenlange Truppenbewegungen auf den Landstraßen um Potsdam und Berlin. Obwohl die Freundschaft zu den »Freunden« immer wieder heraufbeschworen wurde, waren Bekanntschaften zu Soldaten und Zivilisten der Sowjetarmee von beiden Seiten nicht gern gesehen und wurden unterbunden. So blieb also automatisch eine unsichtbare Wand zwischen der Bevölkerung und ihren »Brüdern«.

Der Weg von Potsdam nach Berlin war (und ist heute wieder) genau 128 Meter lang, die amtliche Länge der »Glienicker Brücke«. Durch den Mauerbau war dieser Weg über die Havel nun gesperrt und eine Reise in die »Hauptstadt der DDR«, Ostberlin, dauerte nun mindestens eine Stunde, ob mit dem Auto oder mit der Bahn.

Die Hobbies

Mit Sport hatte ich es – ich denke familienbedingt – nicht besonders. Es gab Ansätze mit Wassersport, zum Beispiel Rudern, aber zum aktiven Vereinsleben, was Voraussetzung war, kam es nie. So war ich – teils allein, teils mit Freunden – viel mit dem Fahrrad unterwegs, zum Schwimmen in den zahlreichen Seen oder einfach in der Natur. Was war das damals für ein Geschenk: Ein Fahrrad. Zur Konfirmation geschenkt, ging es drei Tage später damit los. Richtung Nauen, Feldwege, viel Sand, keine Karte, kein Plan. Die erste Reifenpanne ließ nicht lange auf

20

sich warten. Natürlich war keine Reparaturausrüstung dabei. Die Hilfsbereitschaft der Anwohner eines Dorfes bei Wustermark half uns aus der Patsche, nun wurde nur die Zeit knapp. Irgendwie schafften wir unsere erste größere Tour bis kurz vor Mitternacht nach Hause. Zur Erläuterung: Telefone waren damals selten und Handys waren noch nicht erfunden. Wenn ich mich richtig erinnere, setzte es bei meinem Freund eine oder zwei Ohrfeigen daheim, durchaus noch üblich in der Zeit.

Meine Eltern schenkten mir zu Weihnachten eine Modelleisenbahn der Spur Ho. Ein Kreis Schienen, eine Lok und vielleicht 2 Waggons. Es hat mich fasziniert, diese Dinger zum Leben zu erwecken, sie in Gang zu bringen, mit Signalen und Weichen zu steuern und eine kleine heile Welt im Maßstab 1:87 aufzubauen. Unsere Westverwandtschaft steuerte dazu jedes Jahr selbst zu bauende Plastik-Modellhäuschen oder tolle Loks und Wagen bei. Eine große, dauerhafte Eisenbahnplatte nahm geraumen Platz in unserem Kinderzimmer ein und jedes Jahr an Heiligabend war die feierliche Vorführung der Errungenschaften des letzten Jahres. Die autodidaktischen Erfahrungen im Umgang mit Strom waren vielleicht die Grundlage meines späteren Berufs.

Die Kraft der Musik

Mit »den Bachs« verwandt – wie waren noch die genetischen Wurzeln? Es gibt sie nachweislich, nur waren diese über die väterliche Linie bei meinem Vater irgendwie ins Stocken geraten. Vater war unmusikalisch. Er konnte keinen Ton richtig singen – und das als Pastor! Folglich sang er auch nicht im Gottesdienst und musste alles Liturgische sprechen.

Auf Wunsch meiner Eltern erlernte ich mit zwölf Jahren das Posaunenspiel in unserem neuen kleinen Posaunenchor der Kirchgemeinde. Das war zunächst nicht sehr befriedigend und ich bat meine Eltern, mich zur städtischen Musikschule im Fach Posaune anzumelden. Bei einem Posaunisten des Potsdamer Orchesters lernte ich dann etwas effektiver. Ich ging gern zum Unterricht in seine Privatwohnung, vielleicht auch, weil jedes Mal seine hübsche Tochter die Tür öffnete, wenn ich klingelte. Später, mit 16, kamen noch zwei Jahre Klavierunterricht dazu. Diese Ausbildung jedoch vertrug sich gar nicht mit der schweren Tätigkeit in meiner Berufsausbildung und blieb deshalb auf der Strecke. So blieb mir das

Posaunenspiel als Hobby, das mich mein Leben lang begleitete. Anfangs im Jugendsinfonieorchester der Musikschule, in Posaunenchören unserer Gemeinden, in diversen Blechblasformationen, später in der Big-Band der Lehrer in Potsdam. Aufgrund gelegentlicher Unterbrechungen durch Studium, Hausbauerei und notorischer Übungsfaulheit wurde nie ein solistisches Level erreicht. Es blieb immer bei der dritten oder vierten Stimme. Umso mehr Spaß hat es gemacht. Gern war ich auch in der Blaskapelle meines späteren Wohnortes im Taunus aktiv. Zunächst war ich etwas skeptisch dieser Musikrichtung gegenüber, aber ich wollte den Ort und seine Einwohner kennenlernen und nicht dauerhaft als »Zugereister« gelten. In zünftiger Tracht spielten wir die typische Blasmusik. Auch das musste erst gelernt sein und brachte mich fast an meine Grenzen. Jährlich veranstaltete der Verein Ausflüge mit bis zu 80 Mitgliedern quer durch Deutschland und sogar Konzertreisen nach USA und Südafrika. Was für ein Spaß – wir haben so viel erlebt in der Zeit! Mein musikalisch qualitativster Höhepunkt war aber wohl die Teilnahme am Bundesorchesterwettbewerb 2016 in Ulm, bei dem wir erstmalig als Posaunenchor der Christuskirche Wiesbaden teilnehmen durften. Eine zweijährige intensive Probenarbeit hatte das möglich gemacht.

Bei meinem Freund Peter fanden wir auf dem Dachboden eine alte Ziehharmonika. Es fehlten einige Knöpfe, die ich mit selbst geschnitzten ersetzte. Autodidaktisch erweckte ich das Ding zum Leben, obwohl es schon verstimmt war. Aber es reichte, um am Lagerfeuer Volkslieder zu begleiten und bei zahlreichen studentischen Trinkgelagen Stimmung zu erzeugen. Später erfuhr ich, dass es sich um eine Konzertina handelte, die der englische Physiker Wheatstone erfunden hat.

Bei einem Besuch in einem russischen »Magasin« fand ich ein neues Instrument gleicher Bauart, erwarb es und besitze es heute noch.

Nie hätte ich gedacht, dass man mit einem simplen Musikinstrument auch ins Visier der Stasi geraten kann. Mir ist es passiert. In einigen Gegenden wurde an Christi Himmelfahrt immer der Vatertag etwas ausgelassener gefeiert, nicht als Familientag, sondern als Männertag mit viel Alkohol und diversen Späßen. Sehr beliebt dabei waren Unternehmungen am und auf dem Wasser, z. B. Dampferfahrten. Mit einigen Freunden und Kollegen zogen wir los, Gitarre und Ziehharmonika dabei. Das Repertoire der angestimmten Lieder würde heute keiner

Prüfung standhalten. Aber das beliebteste Lied »Die Gedanken sind frei« sicher schon. Es war quasi die geheime Nationalhymne der DDR, ein kleiner Protestsong. Am Nachmittag eines Männertags in den 1970ern zogen wir leicht alkoholisiert ins Café der Potsdamer Freundschaftsinsel ein. Als ich dieses Lied vor etwa 100 Anwesenden anstimmte, wurde ich von zwei Männern von der Bühne geholt, abgedrängt und in einem Hinterzimmer eingesperrt. Das Büro war für diese Fälle nicht vorbereitet und ermöglichte mir die Flucht durchs Fenster.

1. Die Gedanken sind frei, / wer kann sie erraten? / Sie fliehen vorbei / wie nächtliche Schatten. / Kein Mensch kann sie wissen, / kein Jäger erschießen. / Es bleibet dabei: / die Gedanken sind frei!

2. Ich denke, was ich will / und was mich beglücket, / doch alles in der Still / und wie es sich schicket. / Mein Wunsch, mein Begehren / kann niemand mir wehren, / es bleibet dabei: / Die Gedanken sind frei!

3. Und sperrt man mich ein / im finsteren Kerker, / das alles sind rein / vergebliche Werke! / Denn meine Gedanken / zerreißen die Schranken / und Mauern entzwei: / Die Gedanken sind frei!

4. Drum will ich auf immer / den Sorgen entsagen / und will mich auch nimmer / mit Grillen mehr plagen. / Man kann ja im Herzen / stets lachen und scherzen / und denken dabei: / Die Gedanken sind frei!

5. Ich liebe den Wein, / mein Mädchen vor allen, / sie tut mir allein / am besten gefallen. / Ich sitz' nicht alleine, / hab' hier beim Glas Weine / mein Mädchen dabei: / Die Gedanken sind frei!

Musik als Hobby war nun etabliert. Nicht nur die Klassik, natürlich auch die aufkommende »Rockmusik«. Die »Beatles« waren unser Idol, später die »Rolling Stones«, zum Leidwesen der DDR-Ideologen nicht tot zu kriegen. Zur Konfirmation bekam ich von meinem Patenonkel aus Nürnberg einen brandneuen Philips-Plattenspieler. Was habe ich den geliebt und reichlich genutzt! Verbunden mit einem selbstgebauten Verstärker und Lautsprecher erzeugte er einen sagenhaften Klang. Meine erste selbst erworbene Vinyl-Schallplatte aber war J. S. Bachs »Brandenburgisches Konzert Nr. 3«.

Ich bin meinen Eltern sehr dankbar, dass sie mich in die klassische Musik eingeführt haben. Was waren das für Höhepunkte, als sie mich mit 14 oder 15 Jahren mitnahmen in Konzerte weltberühmter Instrumentalisten. Die gaben sich damals in Potsdam die Klinke in die Hand und traten in den wunderbaren Räumen zum Beispiel des Neuen Palais, der Bildergalerie oder der »Park Oper« auf. Mein erster Besuch der Berliner Staatsoper Unter den Linden fiel auch in diesen Zeitraum und war ein besonders eindrückliches Erlebnis. Es gab den »Freischütz« in einer traditionellen Inszenierung, vermutlich von Ruth Berghaus.

Mobilität

Als ich fünfzehn war, ergab es sich, dass Vater einen neuen Motorroller »Berlin« erwarb, um seinen Tätigkeitsradius zu erhöhen. Dadurch wurde sein Simson-Moped SR2 frei und ich durfte mit dem Gedanken spielen, dieses auch zu fahren. Welch ein Geschenk! Das Teil habe ich aus technischem Interesse mehrmals komplett auseinandergenommen, wieder zusammengebaut und monatelang im Garten ausprobiert. Nun musste aber auch der Führerschein dazu her. In dieser Zeit wurden uns Motorradausbildungen über die GST (Gesellschaft für Sport und Technik der DDR) angeboten. Für ganz wenig Geld, ich denke, es waren 60 Mark, konnte ich die Fahrerlaubnis für das Motorrad erwerben und hielt sie an meinem 16. Geburtstag in den Händen.

Das Fahrrad trat schon in den Hintergrund, denn was gab es schöneres, als mit einem eigenen Moped vor der Schule vorzufahren! Ein Jahr später war es dann Vaters Motorroller, denn bei uns gab es das erste Familien-Auto, einen Wartburg 311. Später war es ein Wartburg 353, den ich auch fahren durfte, Vater war nicht kleinlich. Der Berlin-Roller blieb mir lange, später wurde er noch getauscht gegen eine MZ / ES 250.

Gegen den Strom

Wie würden wir in der Schule angenommen werden? Das war eine spannende Frage Anfang 1962. Waren wir ausreichend ausgebildet? Das war kein Problem, stellten wir fest, es gab keine Defizite. Meine große Schwester war 13, ich 11 Jahre alt. Es gingen schon die Überlegungen los, wie sich unsere Ausbildung gestalten könnte. Das war damals ein politisches Ränkespiel im »Arbeiter-und-Bauern-Staat«. Die Töchter und Söhne der anderen Schichten wurden unterdrückt und gegängelt. Jetzt wurde gerächt, dass wir nicht der staatstreuen Linie folgten, nicht in der Pionierorganisation waren und in vielen Dingen anders dachten. Da war es also, unser Trauma. Denn es hieß nichts anderes, als ständig gegen den Strom schwimmen zu müssen.

Die Bewerbung meiner Schwester war schnell durchgewunken: abgelehnt zur Erweiterten Oberschule (EOS), dem Gymnasium der DDR. Da zählten keine

Zensuren, sondern die Herkunft. Bei mir war noch etwas Zeit, ich konnte mich in der Grundschule beweisen, was ich mit mäßigem Eifer tat. Und siehe da: ich bekam überraschend die begehrte Zulassung zur EOS. Erst viel später sollte ich den Hintergrund erfahren, wieso das unerwartet geklappt hatte.

Es gab zu dieser Zeit die Bedingung, in den EOS-Stufen 9 bis 12 (die bürgerliche Bezeichnung Gymnasium war ausgesetzt) gleichzeitig einen Beruf zu erlernen. Nun galt es also, aus dem begrenzten Angebot einen passenden Beruf auszusuchen. Zur Diskussion standen: Brauer- und Mälzer (im zarten Alter von 14 Jahren), Werkzeugmacher (König der Berufe) und Elektromontageschlosser (was für ganze Kerle). Das dritte wurde es dann. Im zentral gelegenen Reichsbahnausbesserungswerk erwarb ich parallel zum Abitur innerhalb von vier Jahren den Facharbeiterbrief. In den 1960ern waren Schule und Arbeit noch ein 6-Tage-Job, Montag bis Samstagnachmittag wurde gelernt und gearbeitet. Erst ab 1967 wurde die Fünf-Tage-Woche schrittweise eingeführt, nur für die Werktätigen, nicht für Schüler. Somit lernten wir drei Wochen im Helmholtz-Gymnasium und dann eine Woche Lehrausbildung im RAW. Ab dem dritten Lehrjahr wurden wir schon in der Produktion eingesetzt und renovierten die Reichsbahn-Waggons der 1920er Jahre unter recht schweren Bedingungen.

Mitte 1968 hatte ich beides in der Tasche: das Abiturzeugnis und den Facharbeiterbrief »Elektromontageschlosser« der Deutschen Reichsbahn, wie die Bahn der DDR seltsamerweise bis zur Wende hieß. Und nun? Es ging um die Zukunft, mein Berufsleben. Studium ja oder nein, wenn ja, welches? Meine Eltern gingen von einem Studienziel der technischen Fachrichtungen aus, hatte ich mich doch von frühen Jahren an für alle handwerklichen Sparten interessiert und mich auch in Haus und Garten schon bewährt. Aber auch meine musischen Interessen waren früh geweckt worden – und nicht hoffnungslos.

Mit der Parallelausbildung im RAW kam keine Langeweile auf. Wir waren gefordert, physisch und psychisch. Die Hälfte der Klasse bestand aus Mädchen, auch die mussten da durch und haben es geschafft. Unsere Klasse war irgendwie zweigeteilt, das hatte wohl mit der politischen Ausrichtung als auch mit den Hobbies zu tun. Unsere Klassenlehrerin, eine ledige Dame (damals sagte man noch »Fräulein«) war – wie wir erst später erfuhren – eine gläubige Christin. Das war ungewöhnlich, denn zumindest in der Oberstufe musste man von linientreuen

Lehrern ausgehen. Sie war eine sehr gute Mathematiklehrerin, ein Fach, dass mir nicht sehr lag. Die höheren Sphären der Integral- und Differenzialrechnung blieben mir immer verschlossen. Dass ich überhaupt bis zum Abi kommen konnte, habe ich meinem Freund Peter zu verdanken, der mich kameradschaftlich über viele Klippen geschoben hat. Am Ende war ich mit einem mittelmäßigen Abiturzeugnis ganz zufrieden.

Ganz langsam reifte in mir eine politische Haltung heran. Bis dahin war das kein großes Thema, wurden mir durch mein Elternhaus die Eckpunkte vorgegeben. Keine Pionierorganisation, keine Jugendweihe, sondern selbstverständlich die Konfirmation, keine Deutsch-Sowjetische Freundschaft, keine FDJ. Da gehen Pfarrers nicht hin! Das wurde auch von Seiten der Schule zunächst akzeptiert. Zum Ende der Schulzeit wurde es kniffliger in den Diskussionen in der Klasse und im Staatsbürgerkunde-Unterricht. Man musste schon aufpassen, was man sagt, man wurde ja auch beobachtet. Außerhalb der Schule gab es eigentlich nur Berührungspunkte mit Gleichgesinnten. Wir trafen uns in der Kirchengemeinde, bei Konzerten oder Veranstaltungen in den Kirchen, bei der Jungen Gemeinde und auf christlichen Freizeiten. Den überwachenden »Organen« war es nicht recht, aber so war es nun erst mal. Man schob seine Einstellung wie ein Schutzschild vor sich her, aber man musste die Grenzen kennen. Ein politischer Witz war schnell erzählt, es ging auch meistens gut, aber Einigen hat es politische Haft eingebracht. Das war kein Spaß mehr.

Ich hatte Glück, vielleicht das Glück des Naiven. Es gab keine bewusste Berührung mit der Stasi. Auch zu diesem Zeitpunkt wusste ich noch nicht, dass die Stasi mich quasi zur EOS »geschickt« hatte, mit dem Ziel, mich später daran zu erinnern und mich zu erpressen, für ihre Spitzeldienste zur Verfügung zu stehen. Diese Anwerbung fand aber nie statt. Man hatte mich wohl vergessen oder meine charakterliche Entwicklung ließ das Vorhaben scheitern. Diesen »Plan« fand ich erst nach der Wende in meinen wenigen Stasi-Unterlagen.

Bei der Abi-Prüfung wurde man normalerweise in zwei bis drei Fächern mündlich geprüft, ich in fünf, darunter Musik, meinem Lieblingsfach. Was soll das denn? Man wollte von mir ein Posaunenstück hören, ich musste die »Moldau« von Smetana interpretieren – und ich sollte die »Internationale« singen! Voller Eifer machte ich mich an die Arbeit und übte mit einer Klassenkameradin am

Klavier das berühmte Arbeiter-Kampflied ein. Als es soweit war, schmetterte ich aus voller Brust das Lied. Es ging die Tür auf und der Schuldirektor, ein ehemaliger Offizier, kam herein, um sich dieses Ereignis nicht entgehen zu lassen. Erst in diesem Augenblick wurde mir klar, dass ich gerade mein Abiturzeugnis gewonnen hatte, weil ich auf diese Provokation nicht hereingefallen war.

Letzte Ferien

Die letzten Schulferien 1968 waren abwechslungsreich und schön. Jeder hatte seine Pläne, was in dem beengten Horizont der DDR möglich war. Mit meinem Freund Peter wollte ich mit der Transsibirischen Eisenbahn bis nach Wladiwostok fahren. Unsere Zugehörigkeit zur Deutschen Reichsbahn hätte uns die kostenlose Fahrt dorthin möglich gemacht, das war schon geklärt. Was wir nicht rechtzeitig klären konnten, war die umständliche Visabeschaffung für die Sowjetunion sowie eine Rückreise in der zur Verfügung stehenden Zeit. So haben die politischen Beschränkungen uns wieder mal auf die Mütze gehauen, aber uns blieb eine Alternative: eine Fahrt ans Schwarze Meer nach Varna, Bulgarien. Ebenfalls zum Nulltarif mit der Bahn.

Über meinen Bruder kannten wir einen jungen Mann von dort, der uns zu sich zu kostenfreier Übernachtung einlud. Die Zugfahrt im normalen 2.-Klasse -Sitzabteil durch die CSSR, Ungarn, Rumänien, Bulgarien dauerte rund drei Tage. In Budapest machten wir einen Tag Zwischenstation zur Besichtigung der schönen Stadt. Wieder mal machte uns zu schaffen, was die DDR nicht hinbekam: die Devisenversorgung für ihre reisenden Bürger. In den sozialistischen Bruderländern war es nicht möglich, einen angemessenen Geldbetrag für den touristischen Aufenthalt umzutauschen. Der Tagessatz war auf einen lächerlichen Betrag begrenzt, der höchstens eine Mittagsmahlzeit ausmachte, aber keinen Aufenthalt in einer Pension oder einem Hotel ermöglichte. So musste improvisiert werden, mit Camping der einfachsten Art oder Schnorren bei Freunden oder ... mit D-Mark. Ein paar Scheinchen dieser allseits beliebten Währung waren überall der Lebensretter, im Ausland, im Handel, im Restaurant, im Baustoffhandel, egal wo. Und es waren viele Scheine im Umlauf. Ohne diese wäre die DDR viel früher Pleite gewesen.

Also Varna: Auch hier war das Geld knapp. Nach ein paar Tagen kauften wir uns in einer Art Intershop jeder eine Lederjacke. Chic in Mode damals. Fortan ernährten wir uns nur von Pfirsichen und Weintrauben vom Acker oder zurück-gegebenen Speisen unseres Freundes, der Kellner in einem Restaurant am Goldenen Strand war. Die Hungerpartie mussten wir bis zur Rückkehr durchhalten, was bei mir zu jahrelangen Problemen mit dem Magen führte.

Auf der Rückreise: Zwischenstopp in Prag, dieser wunderschönen Stadt, mitten im »Prager Frühling«! Was für eine gelöste Stimmung, wohltuend frisch, optimistisch, fröhlich. Reformen waren angesagt mit dem Ziel eines »menschlichen« Sozialismus. Wir dachten, das schaffen wir in der DDR auch und sahen den neuen Beatles-Film »Yellow Submarine«.

Wenige Tage später, am 21. August 1968 war es vorbei, die Sowjets und ihre Verbündeten besetzten Prag und knüppelten alle Reformbewegungen nieder. Die NVA-Truppen der DDR wurden – entgegen den Vorstellungen der DDR-Führung – nicht in der Tschechoslowakei eingesetzt, wohl aber als Steigbügelhalter der »Freunde« in den Grenzgebieten. Die Führung in Moskau wollte den Tschechen nicht schon wieder deutsche Besatzeruniformen zumuten.

Ausbildung beendet – was nun?

Was studiert man, wenn man nicht weiß, was man will? Diese Frage war in der DDR deutlich schwerer zu beantworten. Ich habe immer die Freunde bewundert, die schon in der 8. oder 9. Klasse wussten, was sie werden wollen. Man konnte sich nicht ausprobieren und mal von einem zum anderen Studienzweig wechseln. Alles war geplant. Einmal angefangen, hatte man die vorgegebene Studienzeit einzuhalten und fertig zu werden. Semester wiederholen gab es praktisch nicht. Akademiker wurden schon gebraucht. Also für mich die Frage: Musik, Literatur, Psychologie, Theologie? Auch letzteres stand kurz zur Debatte, Vater hätte es gefreut. Mutter nahm mich beiseite und sagte: »Das wirst du dir doch nicht antun?« Der Beweggrund für diese Haltung? Ich weiß es nicht, aber das Wohlergehen der Kinder ging wohl über die ideellen Werte hinaus.

Eine Bestandsaufnahme meiner Interessen ergab, dass ein technisches Studium wohl das Beste für mich wäre. Meine große Schwester studierte schon seit zwei Jahren an einer Ingenieurschule in Dresden. Dies diente mir als Vorlage und ich bewarb mich um einen Studienplatz der Fachrichtung »Informationselektronik« – und wurde abgelehnt. Der Grund: dem Staat als Soldat zu dienen, ist erste Bürgerpflicht. Der Kalte Krieg war in vollem Gang. Nun hatte ich die erste große Gewissensentscheidung: Kann ich meiner noch nicht so gefestigten christlichen Ethik den Dienst an der Waffe zumuten? Was, wenn nicht, wären die Folgen? Der sogenannte »Spatendienst«, der Armeedienst ohne Waffe, war erst eingeführt worden. Bei diesem bestand aber auch die Möglichkeit, im Braunkohleabbau oder der Chemieindustrie zu landen. Meine Mutter nahm mir wieder die Antwort ab: »Du wirst dir doch deine Zukunft nicht verbauen«, sagte sie.

Die entstandene Lücke zwischen Schulabschluss und Einberufung zur »Fahne« konnte ich durch meine Betriebszugehörigkeit zur Reichsbahn füllen und arbeitete im Schichtsystem in meinem neu erlernten Beruf. Das erste eigene Geld wurde verdient. Mir ist nicht bekannt, ob ich aufgrund meiner Herkunft bewusst gemobbt wurde. Aber es war sicher kein Zufall, dass ich über den Jahreswechsel 1968/69 ins Heizwerk des Reichsbahnausbesserungswerks abkommandiert wurde. Auf dem Gelände, wo heute der Hauptbahnhof Potsdam steht, musste ich mit einem Kollegen die Wärmeversorgung des Werks und umliegender Gebäude sichern. Das hieß: Von Hand (!) tonnenweise Braunkohle in Loren schippen, diese mechanisch in riesige Heizkessel kippen, dann in einen heißen, engen staubigen Schacht klettern und die heiße Asche ziehen und entsorgen, alles ohne Schutzmaske und -kleidung. Den Heiligabend- oder war es Silvester? – werde ich nicht vergessen.

Die Armeezeit

Irgendwann im Alter von 17 Jahren wurde man zur Wehrdienst-Musterung bestellt. Ein Offizier wollte von mir wissen: »Was würden Sie machen, wenn Sie bei den Grenztruppen am »antifaschistischen Schutzwall« stehen, und jemand will da durch, eventuell Ihr Bruder?« Meine Antwort: »Dass ich da stehen soll, kann ich mir nicht vorstellen, bei meiner Westverwandtschaft? Dann werfe ich die Flinte weg und renne hinterher«. Ein leichtes Grinsen der Herren ließ vermuten, dass sie keine echte Antwort erwartet hatten.

Ich wurde im Mai 1969 auf einen Fliegerhorst bei Neubrandenburg eingezogen. In einer sechsmonatigen Grundausbildung lernt man das Strammstehen,

Marschieren, Kasernenleben, Wache schieben, Waffenputzen, Fahnenappelle und anderen Unsinn. Die Motivation der Soldaten im Grundwehrdienst war katastrophal, erschreckend. Und ich lernte Autofahren. Ich hatte meinen Führerschein (Klasse V für LKW) schon in der Tasche, was ein gewisses Privileg war. Zeitweise fungierte ich als Fahrlehrer für andere auf einem riesigen ungelenken LKW, den ich kaum selbst beherrschte. Mehrfach fiel ich negativ auf. Ich hatte von meinem Vater ein Neues Testament in einer Taschenausgabe bekommen. Zugegeben, ich las nicht jeden Tag darin, aber es machte mir Spaß, es provokativ in meinem Spind zu platzieren. Und dazu noch ein Taschenlexikon der Mathematik. Ich wollte versuchen, in diesem Fach einiges nachzuholen oder zumindest nicht zu vergessen. Beides war sehr suspekt, wurde bei einer Spind-Kontrolle konfisziert und erst Wochen später zurückgegeben. Vermutlich musste der Offizier sich erst an höherer Stelle versichern, wie mit diesem brisanten Material umzugehen sei. Wegen einer unflätigen Bemerkung wurde ich einen Tag in »den Bau« gesteckt, den Arrest. Dort konnte ich mich allerdings wieder rehabilitieren, indem ich dem Offizier vom Dienst beim Ausfüllen seiner Statistik half, indem ich ihm den Dreisatz erklärte und die geforderten Prozentsätze errechnete.

Ich absolvierte dann einen Lehrgang zur Bedienung der Funk- und Leuchtfeuer für Militärflugplätze und war fortan »Leuchtfeuerkanonier« auf einem Außengelände des Jagdfliegergeschwaders. Auf einem russischen LKW war ein tonnenschwerer Aufbau mit eigenem Dieselgenerator und einer Neon-Leuchttechnik, die den Fliegern den Landepunkt ausleuchtete. Kein Allrad-LKW, schwacher Motor, keine Straße zum Objekt, nur Feldwege, die von November bis April fast unpassierbar waren. Wie oft haben wir uns festgefahren und mussten aufwändig wieder freigezogen werden.

Mitten in der unwegsamen mecklenburgischen Ackerlandschaft bewohnten wir eine armselige Baracke mit sechs Mann. Null Sanitäreinrichtung, Trockenklo in einer Ecke des Grundstücks. Selbstverpflegung war angesagt, das Überleben war durch selber kochen zu sichern. Das war nicht schlecht und mein erster Kontakt zu selbstgebratenem Schnitzel oder Braten mit Kartoffeln und Gemüse und Anderem. Sehr fein, im Vergleich zur üblichen Kasernenkost. Der Nachteil: Jede Mahlzeit außer dem Frühstück wurde mit ein bis zwei Bier beendet. Und das auch noch auf Armeekosten. Für die Futteralien des täglichen Bedarfs wie Brötchen, Brot und Milch hatten wir ein gewisses Budget im Konsum des nahegelegenen

Dorfes. Die Verkäuferinnen nahmen es nicht so genau mit der Buchführung und so verbrauchten wir offiziell Milch und Brot für eine ganze Kompanie. Im Notfall konnten wir bis Mitternacht auch bei einem Bauern klingeln, der uns Bier für den Rest des Abends verkaufte. So brauchten wir eigentlich kaum um Ausgang zu betteln, wir hatten unsere Abwechslung so. Heimaturlaub gab es in den eineinhalb Jahren nur ganze drei Mal, von einigen »Schwarz-Ausgängen« mal abgesehen. Ende Oktober 1970 war der Zirkus vorbei und ich hatte wieder ein Problem.

Das Studium

Mein Studienplatz war genehmigt, sobald klar war, dass ich dem Wehrdienst nicht fernblieb. Studiengänge begannen immer Anfang September. Was jetzt, wieder ein Jahr warten? Nein, muss nicht sein, die zwei Monate holt ihr schon auf, hieß es. Also am 1. November 1970 begann mein Studium der Ingenieurkunst an einer Ingenieurschule in Dresden. Diese war gerade zur Hochschule hochgestuft worden und sollte der aufstrebenden Branche der Elektronischen Datenverarbeitung Fachingenieure zuführen. Auch mein Ausbildungsbetrieb, die Reichsbahn, hatte daran Interesse und delegierte mich zum Studium. Das hatte den Vorteil, dass ich Bahn-Freifahrten zwischen Potsdam und Dresden bekam. Eine willkommene Unterstützung für arme Studenten.

Studenten waren damals wegen der Wohnungsknappheit generell in Studentenheimen untergebracht, sofern sie nicht zuhause wohnten. Unser Wohnheim war in einer alten Villa am nördlichen Stadtrand Dresdens. Es bildete sich eine sehr familiäre Wohngemeinschaft von zwölf jungen Männern. Vier-Bett-Zimmer mit Etagenbetten, ein Spind, ein Tisch – für die meisten nicht ungewohnt. Fast alles haben wir zusammen gemacht, gelernt, gegessen, vor allem getrunken. Wieder spielte das Getränk mit B. eine Rolle. Unser »Stipendium« für jeden betrug 180 Mark, da waren die Unterbringungskosten schon abgezogen. Wenn man es klug anstellte, kam man damit hin. Wenn nicht, musste man sich was einfallen lassen. Mein Kumpel H. und ich renovierten Wohnungen und bekamen dafür fünf Mark die Stunde. Ein Glas Pils kostete damals um die 53 Pfennige (Ostmark), ein warmes Essen um 2,50 Mark. Also eine Stunde Arbeit für eine Stunde Kneipe.

Das Studium dauerte sieben Semester und schloss mit dem Titel Hochschulingenieur ab. Ich war noch nicht 24 Jahre alt, hatte das Abitur, den Facharbeiterbrief, die Armeezeit hinter mir und den Ingenieurstitel in der Tasche. Sozialistische Schnellschmiede? Ja, das könnte man meinen, das war es wohl auch, aber die folgenden Berufsjahre würden zeigen, dass es für alle Ecken und Kanten der Zukunft gut war.

Peter

Mit Peter verband mich lebenslang eine enge Freundschaft. Im Helmholtz-Gymnasium lernten wir uns kennen, saßen einige Jahre gemeinsam auf der Schulbank. Nicht wenige Tests und Klausuren überstand ich nur, weil Peter nicht kleinlich war und mich abgucken ließ. Er wusste mit 14 Jahren schon, dass er Chemiker werden wollte. Dazu experimentierte er im Keller seines Hauses mit einem Chemie-Baukasten und beeindruckte seine Freunde mit gelungenen Demonstrationen. Seine alleinerziehende Mutter kam immer erst abends nach Hause und wir hatten solange sturmfrei. Da ist so einiges passiert, doch auch Hausaufgaben wurden

33

bearbeitet. Nach Lösung der kniffligsten Aufgaben konnte ich das Ergebnis übernehmen und so einige Probleme umschiffen. Peter hatte eine angeborene Zahn-Fehlstellung und trug früh eine starke Brille. Gelegentlich wurde er deshalb von uns gehänselt. Aber er ließ sich nicht aus der Ruhe bringen. Als er sich mit 16 ganz locker ein altes Motorrad RT 125 zulegte, waren alle beeindruckt. Was haben wir gemeinsam für einen Spaß gehabt mit unseren Motorrädern: Ausflüge, Urlaube, Mädchen, Camping, Segeln, Fotografie, Kunst, Theater, Musik. Nach jedem Essen erklärte uns Peter, was in unseren Körpern gerade vorgegangen war, was Enzyme, Bakterien, Vitamine, Peptide gerade angerichtet hatten. Nach Abschluss seines Studiums war Peter Doktor rer. nat. in Biochemie und der intelligenteste Mensch in meinem Dunstkreis. Er stand Zeit seines Lebens im Dienst der Wissenschaft.

Im Jahr 2008 erlitt er einen häuslichen Unfall, von dem er sich nur schwer erholte und bleibende Behinderungen hinterließ. Ende 2020 erkrankte er an Krebs, im folgenden Februar verstarb er. Ruhe in Frieden, mein Freund.

Familiengründung

Kurz nachdem ich wieder in Potsdam war, ging ich entspannt die Potsdamer Einkaufsmeile – auch Broadway genannt – in der Nähe des Brandenburger Tors entlang. Es war Adventszeit. Eine junge Frau schob einen Kinderwagen über die Straße. Die kenne ich, durchfuhr es mich blitzartig, und zum ersten Mal im Leben sprach ich eine Frau auf der Straße an, um anzubändeln. K. hatte ich zwei Jahre früher in der Disko kennengelernt und nachhause gebracht, dann aber aus den Augen verloren, wohl wegen der Armeezeit. Jetzt schob sie einen Kinderwagen. Zu spät, dachte ich. Einen Moment später wieder Hoffnung. Eine andere Frau übernahm den Kinderwagen und wir stellten uns einander vor. Das Kind gehörte der anderen. Die beiden Schwestern unternahmen einen Einkaufsbummel und ich konnte gerade noch herauskriegen, wo K. arbeitete. Die bald folgende Verabredung war dann kein Problem mehr. Unser zweites Kennenlernen fand formvollendet im Babelsberger Lindencafé statt. Nun gab es einen guten Grund, regelmäßig von Dresden nach Potsdam zu pendeln. Umgekehrt ging es auch gut, denn meine Studentenbude war am Wochenende meistens verwaist. Auch meine Schwester, inzwischen in Dresden beheimatet, konnte quartiermäßig aushelfen. So entwickelte sich die Liebe unseres Lebens, die bis jetzt gehalten hat, wir sind

im fünfzigsten Jahr unserer Ehe. 1971 – die »Pille« war zwar schon erfunden und auf dem Markt, aber noch nicht so selbstverständlich verbreitet und zugänglich wie heute. Es kam, wie es kommen musste.

1972 heirateten wir. Eine bunte Gesellschaft aus Ost und West kam zur Trauung in die Christuskirche Potsdam. Es war der Tag der Silberhochzeit meiner Eltern. Vater traute uns und wir feierten fröhlich im Familienkreis. K. war schwanger im 4. Monat. Die Hochzeitsreise ging mit Schwägerin und Schwager nach Plau am See/ Mecklenburg. Die Olympischen Sommerspiele in München waren im Gang – und dann kam der Terroranschlag. Ich weiß nicht mehr, wie wir es mitbekommen haben, vermutlich durch den Fernseher unseres Vermieters. Es hat uns schwer erschüttert. In jugendlichem Leichtsinn oder Unbekümmertheit unternahmen wir Fahrradausflüge durch die Mecklenburger Seenlandschaft. Nach drei Tagen verloren wir unser erstes Kind durch eine Fehlgeburt, der Urlaub war vorbei. Zwei Jahre später, kurz nach dem Ende meines Studiums kam unser Sohn gesund auf die Welt. Wir wohnten mit in der Altbauwohnung der Schwiegereltern in Potsdam-West – wenig später in einer Mansarde in einem Weberhaus in Babelsberg.

Mit der Eheschließung bekam man damals einen Kredit von 5.000 Mark als Starthilfe des Saates. Mit jedem Kind wurden einem 1.000 Mark erlassen, mit dem 3. Kind war er getilgt. Da waren wir dabei. Wir steckten das Geld in den Kauf eines Wochenend-Grundstücks. 1.800 Mark für 1.200 m². Und eine Schrankwand fürs Wohnzimmer, und eine Sitzgarnitur, super chic. Beides kauften wir in Dresden aus einer Hellerau-Ausstellung heraus. Wie bekommt man nun Möbel von Dresden nach Potsdam? Ganz einfach, man trampt. Per Anhalter fahren war damals gang und gäbe, nur nicht mit Möbeln. Ich ließ mich an die Autobahn-Raststätte fahren, schaute mich um und der 2. oder 3. LKW mit Berliner Nummer nahm den kleinen Umweg für ein gutes Trinkgeld in Kauf und unsere Möbel waren am richtigen Ort.

Erste Berufsjahre

Die Stellensuche kurz vor dem Ende des Studiums war wieder »von oben« geregelt. Ohne dass man gefragt wurde, bekam man eine Arbeitsstelle zugewiesen. Allerdings gab es die Möglichkeit der Intervention, wenn man aus familiären Gründen eine andere Sparte oder Region bevorzugte. Dann wurde getauscht oder man begab sich selbst auf die Suche. Wir vier Jung-Ingenieure aus meiner Studiengruppe wurden in ein Werk für Halbleitertechnik in Teltow bei Berlin geschickt. Ich war damit einverstanden, lag es doch ziemlich dicht an meinem Wohnort und stand meinen Plänen nicht im Weg.

Ich war nun Entwicklungsingenieur in einem Großbetrieb, der elektronische Bauelemente vom Widerstand bis zu komplexen Schaltkreisen entwickelte und herstellte. Es wurde gerade die Filterfertigung mit den Schwerpunkten Mechanische Filter, Quarzfilter und Oberflächenwellenfilter ausgebaut und war wesentlicher Forschungsschwerpunkt. Die Bedeutung dieser Filter ergab sich aus ihrem Einsatz in den verschiedensten technischen Bereichen. So fanden die mechanischen Filter Verwendung in der Fernmelde- und Anlagentechnik, die Quarzfilter in Funksprechgeräten und die Oberflächenwellenfilter in der Fernsehtechnik.

36

Auch der Bedarf für die Funktechnik der Armee spielte eine Rolle. Wir waren in einem Brennpunkt der Volkswirtschaft gelandet und entwickelten, was von uns erwartet wurde. Das war interessant und befriedigend, auch mit den Einschränkungen, die es naturgemäß gab. So blieb ein dringendes Projekt über ein Jahr lang liegen, weil ein Messplatz nur aus Westdeutschland zu beschaffen war. Von Auslastung unserer geistigen Ressourcen konnte keine Rede sein. Wie sonst ist es zu verstehen, dass ganze »Kollektive« von der Arbeit abkommandiert wurden, zum Beispiel in die Braunkohle oder bei Wintereinbruch zum Schnee schippen in verkehrstechnisch wichtige Bereiche der Stadt. Oder zum Fähnchen schwenken zum Flughafen Schönefeld, wenn ein wichtiger Genosse einflog. Gern erinnere ich mich daran, dass ich Jungingenieur als Traktorfahrer zur Kartoffelernte in eine LPG geschickt wurde, ganze vier Wochen lang. Ich war zufrieden, den ganzen Tag an der frischen Luft und abends kaputt, und man sah, was man geleistet hatte.

Als Pioniere der Mikroelektronik waren wir ausgebildet und entsandt worden. Es sollte noch 15 Jahre dauern, bis in der DDR unter großen Anstrengungen der erste Ein-Mbit-Chip entwickelt wurde, von einer nennenswerten Produktion ganz zu schweigen.

Die freie Zeit vertrieben wir uns mit … Hausbau, zum Beispiel.

Hausbau 1

Das drastischste Problem der DDR war damals die permanente Wohnungsnot. Bis Anfang der 1970er Jahre war es fast unmöglich, als Ehepaar eine halbwegs intakte Wohnung zu ergattern, schon gar nicht als Alleinstehender. Die Wohnraumvergabe durch staatliche Stellen war die Verwaltung des Mangels und diese oft durch Schieberei gekennzeichnet. Das sollte sich in den folgenden Jahren durch ein groß angelegtes Wohnungsbauprogramm ändern. Das Ergebnis waren großflächige, uniformierte Wohnsiedlungen, die in der gesamten DDR gleich aussahen und von der Ausstattung und Qualität her kein individuelles Wohngefühl zuließen. So wurde das individuelle Wohnen im Grünen zu einem der größten, aber unrealistischen Wünsche. Ich hatte bis zum Zeitpunkt der Familiengründung noch nie in einem Mietshaus gewohnt und konnte mir das nicht vorstellen, das Leben im Plattenbau in der sozialistischen Hausgemeinschaft, Tür an Tür und durch hellhö-

rigen nackten Beton mit den Nachbarn verbunden. Die Wartezeit bis zur Zuteilung
– fünf bis zehn Jahre – erst recht nicht. Im sozialistischen »Kombinat« in Teltow
gab es Leute, die dieses Schicksal teilten und in die eigene Hand nehmen wollten.
Das war möglich, wenn diesen Gruppen von den Kommunen bebaubare Grundstücke zugewiesen und auch Kontingente an Baumaterial zugeteilt wurden. Der
staatlich geförderte Eigenheimbau war erfunden, aus der Erkenntnis heraus, dass
man durch die Muskelhypothek der motivierten Bauherren die Planwirtschaft etwas entlasten könnte. Das hat gut funktioniert.

Nun war es wieder so, dass ich weder am Standort (im Grenzgebiet) noch
an der Uniformität der Reihenhäuser interessiert war. Aber ich hatte den Zugang
zu den begehrten Baumaterialien, jedenfalls ansatzweise, und musste nur noch
das Grundstück finden. Wir waren in der Gemeinde Rehbrücke, einer idyllischen
Waldsiedlung der Vorkriegsjahre bei Potsdam, schon etabliert, weil wir kurz
nach unserer Eheschließung dort ein Wochenendgrundstück gekauft und mit
einer Blockhütte im Finnischen Stil bebaut hatten. Deren Verkauf diente uns als
finanzielle Grundlage und half uns beim Pokerspiel um ein anderes, geeignetes

Baugrundstück. Davon gab es viele im Ort, aber zu 80 Prozent mit dem Nachteil: Eigentümer unbekannt oder verzogen (in den Westen). Die DDR machte sich nichts daraus, sich diese Grundstücke anzueignen oder »zur Nutzung freizugeben«. Dazu gehörte auch unser Traumgrundstück in einer bevorzugten, ruhigen Wohnlage. Wir bekamen das Grundstück zugesprochen, erhielten eine Nutzungsurkunde dazu und hätten eigentlich eine Art Erbpacht jährlich zahlen müssen, so der Plan. In zehn Jahren ist die Gemeinde mit diesem bürokratischen Monster nicht klargekommen und wir haben für das Grundstück nie etwas bezahlt. So ging es also los. Schaffe, schaffe, Häusle bauen war die Devise.

Ich versuche die Schilderung in Kurzform:
Planung und Bauantrag – kein Problem, es handelte sich um ein tausendfach gebautes Typenhaus EW 65, Statik und Ausführung waren bewährt und geprüft. Ein befreundetes Paar, Architektin und Bauingenieur, standen uns beratend zur Seite.

Finanzierung – kein Problem: bei der staatlichen Sparkasse bekam man einen Hypothekenkredit dafür. Der Zinssatz wurde unterschieden zwischen Material- und Arbeitsleistung, er lag bei vier Prozent.

Baufirma – gab es prinzipiell nicht für Privatpersonen. Es war alles auf Eigenleistung ausgerichtet. Man musste sich sogar verpflichten, keine öffentlichen Baukapazitäten in Anspruch zu nehmen (die es ohnehin nicht gab). Das heißt eben: selbst mauern, aber wer schafft das schon? Es gab viele Handwerker, die sich was dazu verdienen wollten – sie zu finden war nicht leicht –. Jeder Zweite ging am Wochenende einer Beschäftigung nach, entweder um sich selbst etwas zu schaffen oder etwas dazu zu verdienen. Einschließlich sonntags wurde geackert. Der Bauherr selbst und seine Verwandtschaft mussten die »Hucker« machen, alles heranschaffen, was drei bis vier Männer verarbeiten können. Das war Akkordarbeit, denn dafür gab es keinen Lohn, außer kleinen Geschenken – oder Gegenleistungen, dem wichtigsten Gut- und natürlich: ... Bier. Montags schlichen dann alle Beteiligten müde und kaputt zur normalen Arbeit, um sich zu erholen für das nächste Wochenende. Staatlich subventionierte Schwarzarbeit im großen Stil! Aber wenn es der Staat bekämpft hätte, wäre die Not noch größer gewesen.

Baumaterial – ein Riesenproblem – weil eigentlich nichts ohne weiteres zu erwerben war. Alles war kontingentiert, weil zu knapp, nie zur richtigen Zeit und in der erforderlichen Menge verfügbar. Man musste sehr weit vordenken, sich alles hinlegen, was man in die Finger bekam, am Ende könnte man doch etwas eintauschen. Klinkerziegel gegen Zement, Heizkörper gegen Dachbalken, 10 Hänger Kies gegen fünf Karren Mörtel. Das hatte aber zur Folge, dass Vieles vergammelte, was dann nicht gebraucht wurde. Sozialistische Volkswirtschaft real. Und wenn jeder damals geklaute Ziegel oder Dachbinder oder Deckenbalken sich heute abmelden würde, würden 100.000 Häuser aus der DDR-Zeit sofort zusammenbrechen.

Erschließung – auch wieder ein Problem. Die Grundstücke waren teilerschlossen, im DDR-Jargon heißt das: Wasser und Stromanschluss ist vorhanden, aber nicht ausreichend dimensioniert. Die Anschlusskapazitäten waren noch aus der Vorkriegszeit. Strom als Freileitung, Wasser aus verrosteten kleinen Leitungen, was zur Folge hatte, dass der Wasserdruck nicht ausreichte usw. Als Bedingung für die Baugenehmigung wurde uns aufgedrückt, einen 700 Meter langen Graben für die neue Stromleitung zu schippen. Packen wir's an! Bagger gab es für uns nicht. Auch hier war wieder die Hilfe der Freunde selbstverständlich.

Das Schlimmste waren noch die Straßen. Außerhalb der Hauptstraße gab es nur Sandwege. Also im Sommer staubig und bucklig, im Winter bei Eis oder Matsch zeitweise unpassierbar. Dieser Zustand hielt sich bis ins neue Jahrtausend. Und keine Kanalisation – diesen Luxus gab es in der DDR nur in den Städte – auf dem Land spülte man seine Fäkalien in sogenannte Kleinkläranlagen, die man ab und an entsorgen musste. Da das aufwändig und teuer war, gab es hier und da illegale Schleichwege dafür, ebenso für den Müll, der entweder verbuddelt oder in den Wald gekippt wurde. Eine Umwelt-Sauerei bis in die Wendezeit hinein.

Logistik – Beweglichkeit war die Devise, selbst ist der Mann. Jeder Bauherr und Grundstückseigentümer hatte ein Auto und einen zugehörigen Anhänger, je größer umso besser. Denn wenn es irgendwo etwas gab, musste man vor Ort sein und sofort zuschlagen und mitnehmen. Da waren dann auch 100 km Entfernung keine Hürde. Wenn ein Bekannter in Leipzig 10 Sack Zement übrighatte, wurde der geholt, bevor er hart wurde. Mein genannter volkseigener Betrieb lag direkt an der Grenze einer Baustoffversorgung. Das wichtigste tägliche Geschäft war damals, rechtzeitig über den Zaun zu gucken bzw. das zu organisieren. Wenn dann morgens Holz abgeladen wurde oder Leitungsrohre oder Betonsteine, hieß es schnell zu sein, denn die reichten nur für sechs bis acht Kunden. Schlagartig waren die Kollegen auf der anderen Seite des Zauns, kauften ein und transportierten ab, was möglich und nützlich war. Bis sie wieder da waren, war oft schon Feierabend.

Aus heutiger Sicht schon fast unvorstellbar war die Wärmeversorgung damals. Während in hunderttausend älteren Häusern noch Kohleheizung mit Kachelöfen üblich war, baute man in die neuen Eigenheime Warmwasser-Zentralheizungen ein. Abgesehen davon, dass auch Gussheizkörper und Schwerkraft-Heizkessel Mangelware waren, waren diese das Non-plus-Ultra. Aber auch die brauchten Brennstoff. Üblicherweise wäre Steinkohlenkoks, ersatzweise Braunkohlenbriketts das Medium der Wahl. Beides gab es nur kontingentiert, wenn überhaupt. So war es also ein ständiger Kampf um den wertvollen Brennstoff, was zu absurden Auswüchsen führte. Normalerweise wurde Kohle ja »frei Gelass« geliefert – bis in den Heizungskeller, denn ein Normalbürger hat andere Verpflichtungen als tonnenweise Kohle in den Keller zu schaffen. Bei einem Mangel-Artikel kehrte sich dieses Prinzip um: »Wenn se woll'n, dass se nich im Kalten sitzen, müssen se die Kohlen selber runterschaffen!« Dann wurden einem ein- oder zwei Tonnen Braunkohle in Form bröckeliger Briketts vors Haus gekippt, und man musste die eimerweise selbst in den Keller bringen. Zurück blieben dann bis zu 10 Prozent feinster Kohlestaub, den man auch noch selbst entfernen musste. Auch die Qualität ließ Jahr für Jahr nach und taugte kaum noch zum Heizen, und alles für den gleichen Preis.

Eine Katastrophe dieser Art werde ich nicht vergessen: Es war im letzten Winter unseres DDR-Daseins. Der Kohleberg in meinem Keller nahm drastisch ab. Tägliche Anrufe bei der Kohlehandlung unseres Vertrauens ergab: »Nichts da, fragen Sie mal in zwei Wochen wieder«. Wie wir schon erprobt hatten, kühlt so ein kleines ungedämmtes Haus in zwei Tagen stark aus, am 3. oder 4. Tag würden schon die Leitungen einfrieren. Jetzt läuft der DDR-Mensch zur Hochform auf, lässt alles stehen und liegen und muss sein Problem lösen. Wer, wo, was, wie teuer? Geht nicht, gab es nicht. Irgendwas geht immer. Am Verladebahnhof Wildpark wurde täglich Kohle aus Zügen umgeschlagen. Hinfahren, »Fuffi« auf die Hand des Baggerfahrers, Fahrzeug drunter, schnell weg. Über meinen Arbeitgeber hatte ich Zugriff auf einen Klein-LKW Robur, fuhr hin und erfolgreich wieder weg. Ein Fahrer vor mir hatte vergessen zu tanken, ich blieb in der Stadt an einer ungünstigen Stelle stehen. Nähe der Langen Brücke, Winter, dunkel, kalt. Ich erzähle nicht

weiter, aber abends war meine Heizung wieder warm, und die Volkswirtschaft um einige Arbeitsstunden und zwei Tonnen Kohle ärmer.

Unser Eigenheim entstand in elf Monaten einschließlich Innenausbau, Verputz und Garage. Im Februar 1978 sind wir als dreiköpfige Familie eingezogen und haben uns dort 10 Jahre recht wohl gefühlt. Es sollte nicht sein, dass lebenslang daraus wird, wie es üblich ist.

Realer Sozialismus

In der Zeit der 1970er Jahre erfuhr der real existierende Sozialismus der DDR seine eigenartige Ausprägung. Die »Planwirtschaft« hatte mit Problemen zu kämpfen, mit denen sie letztlich nicht fertig wurde. Wie schon erwähnt, behinderte das schwerfällige zentrale Planungs- und Leitungssystem die kurzfristige Umsetzung von wissenschaftlich-technischen Neuerungen in der Produktion. Die Konzentration der produktiven Investitionen auf einige Schwerpunktbereiche wurde fortgesetzt. Die bessere Versorgung der Menschen mit Konsumgütern, preiswerten Wohnungen, kostenloser medizinischer Versorgung, Kindergärten, Kindergeld und steigende Renten kosteten Geld.

Die Ölkrise Mitte der siebziger Jahre erreichte auch die DDR und wirkte sich negativ auf die Außenhandelsbilanz und die Versorgung der Bevölkerung aus. 1970 war die DDR im Westen mit zwei Milliarden Valuta-Mark verschuldet, bis 1989 stieg diese Verschuldung auf 49 Milliarden Valuta-Mark an. Die Zinsen für die Kredite wurden mit neuen Krediten bezahlt. Ein verhängnisvoller Schuldenkreislauf setzte ein, der letztlich zum wirtschaftlichen Zusammenbruch der DDR beitrug. Der Bevölkerung war das nicht gleichgültig. Ideell trennten sich hier die Lager. Die einen wussten sich zu helfen und beteiligten sich an der blühenden Schattenwirtschaft, die anderen wurden lethargisch und ergaben sich in ihr Schicksal, beides steigerte nicht die Produktivität.

Der Staat musste gegensteuern, die Restriktionen wurden verstärkt. Der Apparat der Stasi lief zur Hochform auf und die Überwachung der Bürger erreichte ihren Höhepunkt. Jeder, der nicht vorgefertigten Denkweisen und Floskeln folgte, war verdächtig und wurde bestraft. In der Folge verließen immer mehr Bürger die DDR, allen voran Künstler und Intellektuelle, der Staat blutete förmlich aus.

Auch an unserer Familie ging dieser Spuk nicht vorbei. Es verschwanden Verwandte und Freunde per Ausreise oder Flucht in die BRD. Die Spannungen im Arbeitsumfeld und im Privaten wurden unerträglich. Wir hatten unser Häuschen und Grundstück endlich fertig und waren stolz auf das Erreichte. Zum privaten Glück fehlten jetzt noch zwei Dinge: berufliche Erfüllung durch sinnvolle Arbeit und ein angenehmes Wohnumfeld. Im beruflichen Alltag kam gelegentlich Langeweile und Frustration auf, weil man sich über Jahre bemühte, einen Entwicklungsauftrag sinnvoll zu Ende zu bringen, das Ergebnis aber schlagartig im Panzerschrank verschwand und nie wieder hervorgeholt wurde. Die gewünschte Umsetzung der Entwürfe in die Produktion fand nicht statt, weil ein Rohstoff oder Bauteil nicht zu beschaffen war oder die technische Revolution sich selbst überholt hatte.

Ich war inzwischen als Entwicklungsingenieur in einem Institut angestellt, das sich mit Getreide und Nahrungsmitteln und damit auch mit der Ernährungssituation beschäftigte. Wir Techniker hatten die Aufgabe, die Produktivität der Backwarenindustrie durch Automatisierung zu erhöhen. Dazu gab es gute Ansätze, z. B. war die Herstellung von Knäckebrot in einer großen Fabrik durch annähernd 30 Prozent Abfall gekennzeichnet. Jahrelang entwickelten wir mit riesigem Aufwand eine Technologie zur Verringerung dieser Verluste auf weniger als 5 Prozent. Als es am Ende gelang, waren wir sehr stolz und bekamen eine Prämie, aber die Kehrseite war wiederum, dass alle umliegenden Viehzuchtbetriebe sich neue Futterquellen suchen mussten und so ein Vielfaches der bisherigen Kosten aufwenden mussten.

Die StaSi sucht ihre Feinde

Unter dem Motto: »Wer nicht für uns ist, ist gegen uns« baute die DDR nach Vorbildern vergangener Zeiten einen geheimpolizeilichen Sicherheitsapparat auf, der seinesgleichen suchte. Ein flächendeckendes Überwachungsnetz wurde aufgebaut, ursprünglich mit dem Ziel, die sozialistischen Errungenschaften zu verteidigen. Doch von außen – vom Westen – interessierte sich keiner wirklich für diese und die Hauptaufgabe des neuen Apparates war nun, die »Saboteure und Banditen« in den eigenen Reihen zu bespitzeln. Bis 1990 waren an die 90.000 hauptamtliche und doppelt so viele »Inoffizielle« Mitarbeiter bei der Staatssicherheit rekrutiert. Auch wir gelangten schnell ins Visier des Apparates.

Als ich einmal zufällig in die Wohnung meiner Eltern kam, verschafften sich gerade vier (!) Männer in Zivil Zutritt zum Amtszimmer meines Vaters. »Wir sind von der Deutschen Post, ihr Telefonanschluss muss überprüft werden!« Der hatte problemlos funktioniert, auch wenn meine Eltern ab und an ein berüchtigtes Knacken bei bestimmten Gesprächen bemerkten. Ich wollte mit in das Zimmer, wurde aber jäh abgedrängt und einer der Herren stand wie ein Klotz hinter der Tür. Es war klar, was da gerade passierte im geschützten Raum eines Pfarrers. Nachdem sie weg waren, habe ich das Zimmer durchsucht, aber mit meinen Mitteln nichts gefunden, was auf die Verwanzung hinweisen würde. Wir wussten uns nicht anders zu helfen, als wenigstens den Telefonapparat auszutauschen, was auch gar nicht so einfach war. Man kann davon ausgehen, dass Vaters Dienstzimmer nicht das erste und einzige war, das abgehört wurde.

Autos und andere Mangelware

Die schlechten Randbedingungen musste man im täglichen Leben ignorieren oder besser noch: den Staat austricksen. DDR-Bürger waren da ausgesprochen erfinderisch, das Beispiel des Eigenheimbaus zeigte es schon. Es geht, wenn man es will und beweglich ist. Da waren die berühmten Restriktionen beim Autokauf. Die Lieferzeit bei der Bestellung von Trabi oder Wartburg betrug mehr als zehn Jahre. Üblich war, dass die Großeltern, auch wenn sie schon ein Auto besaßen, vorsorglich eine Bestellung aufgaben, in der Hoffnung, den Enkeln zum 18. Geburtstag ein Auto oder zumindest die herangereifte Anmeldung schenken zu können. Die Produktion der begehrten »Rennpappen« hätte man vielleicht hochfahren können. Aber das war nicht gewollt, es war ein schönes politisches Druckmittel, die Bürger gefügig zu halten. Wenn du brav bist ... Linientreue Bonzen wurden denn auch mal mit einem schicken PKW russischer Bauart belohnt.

Wer kein eigenes Auto hatte, konnte sich für besondere Anlässe oder die Urlaubsreise eins leihen. Es gab wieder mal nur einen Haken: Am ersten Werktag des Jahres musste man sich persönlich in die Wartegemeinschaft der Mietzentrale in Berlin oder Leipzig einreihen, um einmalig einen »Wartburg« oder »Trabant« für sich zu reservieren. Carsharing a la DDR, nicht die einzige Erfindung, die sich erst viel später durchgesetzt hat.

Unser eigenes Auto-Kapitel nach der Familiengründung ist umfangreich. Es fing an mit einem uralten Trabant 500 Kombi vom Schrottplatz für 800 Mark. Schon dieser Kauf war wie ein Lottogewinn und nur durch Beziehungen möglich. Die gesamte Bodengruppe war verrostet und musste in Eigenleistung erneuert werden. Am Ende strahlte das Auto wie neu in blau-weiß, dank West-Lack, und wurde umgehend umgetauscht in einen »Wolga M 21«, die sogenannte »Bonzenschleuder«. (2,5-Liter Hubraum, 18 Liter / 100 km, 55 kW, russische Bauart). Der war als Transportmittel für den bevorstehenden Hausbau unentbehrlich, das wusste ich da aber noch nicht. Auf einer Urlaubsreise ins Erzgebirge fiel der Motor aus und musste ausgetauscht werden. Was offiziell kaum möglich war, ging bei einem privaten »Schrauber« in Schwarzarbeit innerhalb einer Woche.

Es kamen noch zwei gebrauchte Trabi-Kombi in unseren Haushalt. Und dann: Ein Geschenk aus dem Erbteil unserer verstorbenen Oma aus Westberlin. Ein fabrikneuer Wartburg 353 Kombi. Die DDR-Regierung verscherbelte ja alles, was ging, gegen D-Mark über die Firma GENEX. Autos, Häuser, Haushaltsgeräte, Kleidung, alles was sich zu hartem Geld machen ließ. Trotzdem war es ein ziemlicher Ärger, insgesamt über 20 Fertigungsmängel meines neuen »Wartburg Tourist« zu reklamieren.

Die Instandhaltung der fahrbaren Untersätze nahm einen beträchtlichen Anteil unserer Freizeit in Anspruch. Auch hier galt ganz besonders: Wenn du einen Scheibenwischer für mein Auto hast, kriegst du eine Zylinderkopfdichtung für einen Lada. »Ich habe keinen Lada!«. »Du Idiot, kannst du doch tauschen gegen vier Reifen für deinen Trabi!«

Es war noch nicht das letzte Auto. Mein Vater bekam, ebenfalls über GENEX, einen neuen VW Golf. Den dadurch frei werdenden »Golf 1« konnte ich ihm abkaufen. Für meinen Wartburg bekam ich auf dem ausufernden Schwarzmarkt genau das Doppelte seines Neupreises.

Die jährliche Fahrleistung lag damals schon bei 20- bis 25-tausend Kilometern, obwohl das Reisen gar nicht im Vordergrund stand. Es gab ja viel zu organisieren, und da musste man hinfahren, denn ein privates Telefon hatten wir selbst nie. (Die Auskunft der Deutschen Post auf die Anfrage, wann wir mit einem Telefonanschluss rechnen könnten: Sie sind volkswirtschaftlich nicht wichtig! – also wurde es nie). Der Spritpreis damals war konstant bei 1,50 Ostmark, da gingen schon mal 200 Mark im Monat durch den Tank. Viel Geld für den Normalverdiener, aber Autos waren eben reine Luxusgüter.

46

An dieser Stelle die spannende Frage: Was verdienten wir denn damals in der DDR? Ich musste es erst recherchieren. Es waren zuletzt so um die 13.000 Mark pro Jahr (netto) für einen Dipl.-Ing. Da war das Kindergeld (20 Mark) schon dabei. Im November gab es immer die Jahresendprämie. Das passt zum statistischen Durchschnittslohn von über 1.000 Mark pro Monat und zeigt, dass Bauarbeiter nicht viel weniger verdienten und Chefärzte nicht viel mehr. Beim Haushaltseinkommen muss man berücksichtigen, dass 90 Prozent der Haushalte Doppelverdiener wa-ren. Der statistische Arbeitnehmerhaushalt soll 1982 bei 1.550 Mark (netto) gelegen haben! Immerhin gab es seit ca. 1970 schon einen Mindestlohn. Aufgrund der gesponsorten Lebenshaltungskosten kam man damit aus. Luxus muss teuer sein, denn der passt ja nicht in den Sozialismus. Die Regierung und ihre Bonzen in Wandlitz und anderswo hatten davon ihre eigenen Vorstellungen mit eigenen Luxus-Läden, anderen Waren und Preisen.

Urlaube und andere Überlebenskünste

Natürlich gab es Urlaube, die Höhepunkte des arbeitsreichen Jahres. Aber wie und wo? Die staatliche Gängelei aufgrund der mangelnden Plätze wurde auch hier erfolgreich umgesetzt. Urlaub für Familien, besonders mit Kindern, wurden als Belohnung für guten Einsatz in der Produktion ausgegeben. Die anderen durften sich auch für einen Ferienplatz in den gewerkschaftseigenen Erholungsheimen bewerben, wer ihn bekam, hatte Glück. Wir waren nur ein einziges Mal dabei, es war furchtbar. Massenabfertigung in Leichtbaubaracken an einem schönen See. Die Mahlzeiten waren die sprichwörtliche Schlacht am Kalten Büffet, als hätte es ein Jahr nichts zu essen gegeben. Aus dem Grunde verlegten sich Viele auf Campingurlaub. Da war die Reglementierung nicht so groß. Ostsee und die Mecklenburger Seenplatte waren die Hotspots. Auch Campingplätze waren nicht ohne Weiteres zu kriegen, wer nicht an einem bestimmten Tag im Dezember des Vorjahres buchte, war der Dumme. Nun war es wieder so, dass in den beliebtesten Destinationen die Versorgung mit Lebensmitteln in der Hochsaison nicht funktionierte. Obwohl man auf den Mann genau wusste, wie viele kommen werden, war man nicht in der Lage, das zu organisieren. Das, was man eben brauchte, war nie zur selben Zeit am selben Ort, dem einzigen Konsum weit und breit. Das führte dazu, dass man drei Mal täglich dort erscheinen musste, um alles nötige zusammenzukriegen. Revival-Training à la DDR!

Die schönsten Gegenden der DDR haben wir jedenfalls erkundet, auch die der Nachbarländer Polen, Tschechien, Ungarn, Bulgarien und Rumänien. Das war möglich, nur nicht zu normalen Bedingungen, weil einfach das Geld nicht da war, das man dazu brauchte.

Die Versorgung mit den Grundnahrungsmitteln war eines der Hauptprobleme der DDR. Diese wurden, ebenso wie Mieten, Energiepreise u. a. hoch subventioniert. Jeder, der zur Versorgung beitragen konnte, war hochwillkommen. Kleingartenvereine hatten bestimmte Mengen an Obst und Gemüse zu produzieren und abzuliefern. Zum Ankauf waren auch Kaufhallen berechtigt. So gab es vielleicht für 10 kg Möhren im Warenankauf 40 Mark, während ein Kilogramm Verkauf nur 1,50 Mark kostete. Das brachte einige Pfiffige auf eine Idee: bevor ich meine Möhren aus dem eigenen Garten selber esse, schaffe ich sie erst zum Ankauf in die Annahmestelle – und kaufe sie dann vorne zum halben Preis. Die Rendite ist beeindruckend, obwohl man den Begriff eigentlich nicht kannte.

In den ländlichen Gebieten war es jahrzehntelang selbstverständlich, dass man für seine Kühe oder Schweine im Stall das Schwarzbrot aus dem Konsum verfütterte. Das Kilo Brot für 0,78 Mark war deutlich nahrhafter und billiger als jedes andere Futtermittel. In Sonderschichten mussten dann die Versorgungslücken geschlossen werden. Diese Sonderschichten waren unter den Werktätigen recht beliebt, denn es gab dafür eine ordentliche Zulage.

Die junge Familie – alles gut?

An einem Abend im Februar 1978 setzten bei K., im sechsten Monat schwanger, die Wehen ein. Wir wussten, was zu tun war und waren innerhalb 20 Minuten im Krankenhaus. Ein Diensthabender Arzt fertigte sie ab und wies sie zum stationären Aufenthalt in die Gynäkologie ein. Mit den Worten: »Na, die Unterhosen haben Sie ja an!« schickte er uns mit einer Wegbeschreibung los. Meine Frau hätte keinen Meter mehr laufen dürfen. Bei der horrorartigen Odyssee durch die Katakomben der Klinik verloren wir viel Zeit, am nächsten Tag verloren wir zum zweiten Mal unser ungeborenes Kind. Zu dritt waren wir eingezogen ins neue Haus, zwei Jahre später waren wir zu viert. Die Kleine, unsere Tochter, kam zur Welt und machte unsere Familie komplett.

War das Glück perfekt? Materiell gesehen schon. Haus, Auto, Job und Freizeit – alles geregelt. Doch wie schon angedeutet, konnte es nicht perfekt sein. Dafür waren die Daumenschrauben einfach zu fest. Es fehlte die Freiheit. Die Meinungs-, Glaubens- und Bewegungsfreiheit. Es fehlte an Selbstbewusstsein, an Zivilcourage, an Mut. Die Angewohnheit, sich zu ducken, wenn man seine Meinung äußert, die Katzbuckelei vor Behörden, Handwerkern, Zulieferern degenerierte uns zu Duckmäusern. Der aufrechte Gang war nicht selbstverständlich, und das war kein orthopädisches Problem. Ein dumpfer Gedanke machte sich im Kopf breit.

Ortswechsel Ost – West

Es brauchte den Tropfen, der das Fass zum Überlaufen bringt. Das Schiller-Sprichwort »Es kann der Frömmste nicht in Frieden leben, wenn es dem bösen Nachbarn nicht gefällt« traf auf unser Wohnumfeld genau zu. Unsere Nachbarn, die gleichzeitig mit uns bauten, stiegen auf einen Nebenerwerb um und wandelten das schöne Waldgrundstück in einen Bauernhof. Am Ende hielten sie an die 20 (!) Schweine, dazu Hühner, Kaninchen u. a., die täglich gefüttert und entmistet werden mussten. Gestank und Lärm waren unerträglich. Dazu kam noch heftigste Belästigung durch unsachgemäße Verbrennung aller Abfälle durch den benachbarten Schornstein. Natürlich versuchten wir eine Beilegung. Rechtliche Schritte im zivilen Bereich waren nicht möglich, es blieb nur der Weg über Beschwerden und Eingaben an die kommunalen Behörden. Die dachten aber nicht daran, sich auf eine Seite zu stellen und antworteten meist gar nicht und wenn doch, dann lapidar. Die Nachbarn hatten noch ideologischen Rückenwind, da sie zur Versorgung der Bevölkerung beitrugen.

Im August 1985 stellten wir den Antrag auf Ausbürgerung (Ausreiseantrag) aus der DDR. Drei bange Jahre mussten wir unter quälenden Bedingungen absitzen, bis es soweit war. Die Zeit der Ungewissheit und Angst um unsere Zukunft möchten wir nicht noch einmal erleben.

Ab der Antragstellung war man Staatsfeind der DDR und damit quasi vogelfrei. Innerhalb von wenigen Stunden waren Arbeitgeber und Schulen informiert und wir mussten zum Direktor. Der Ton war nicht so scharf wie erwartet, eher moderat: »Ach, wir haben ja alle mal ein Tief, das renkt sich schon wieder ein!

Wenn Sie Hilfe brauchen ...«. Ein Schulfreund aus dem Führungskreis des Instituts steckte mir: »Solange du hier arbeitest, kommst du wegen der Geheimhaltungs-Klausel nicht raus!« Am nächsten Tag reichte ich meine Kündigung ein und war ab sofort ohne Beschäftigung. »Arbeitslos« – weder das Wort noch den Status kannte man in der DDR. Jeder hatte einen Job, und wenn er noch so sinnlos war. Aber ohne Anstellung geht gar nicht, denn dann entfällt ja die Kontrollfunktion des Staates. Ich hielt mich eine Weile mit Gelegenheitsjobs über Wasser, renovierte Wohnungen im Haus meiner Eltern, dann war ich in einem privaten Handwerksbetrieb und später noch Hausmeister in einer kirchlichen Einrichtung. Dieser letzte Job in meinem DDR-Leben hat mir am meisten Spaß gemacht, ich hatte dort mit dankbaren Schwerbehinderten zu tun. Aber die Stasi wachte auch dort aufmerksam, wie ich später erfuhr.

Am 1. Mai 1988, dem berühmten K(r)ampf- und Feiertag der Werktätigen, hatte ich unerwartet mal wieder enge Berührung mit der Stasi. Es war ein Sonntag. Da ich nie an diesem Feiertag teilgenommen hatte – was manchmal zu dienstlichen Abmahnungen führte – dachte ich nicht an dieses Datum. Ich hatte Küsterdienst in meiner Kirchgemeinde und die Kirche musste geheizt werden. Kurz vor sechs Uhr morgens musste ich los, denn die beiden Kachelöfen der Kirche brauchen ihre Zeit, um warm zu werden. Morgens um diese Zeit war normalerweise kein Mensch auf unserer Straße. Schon an der ersten Kreuzung hatte ich einen der berüchtigten »Lada« an den Hacken. Sofort wusste ich Bescheid. Um sicher zu gehen, startete ich noch einen Test an der Telefonzelle am Bahnhof, meine »Freunde« mussten ein paar Meter weiter anhalten und auf mich warten. Sie hatten die Aufgabe, mich von Aktionen abzuhalten, die die öffentliche Ordnung an dem Feiertag gefährden könnten. Als ich an der Kirche ausstieg, wollten sie mich festnehmen – »zur Klärung eines Sachverhalts«. Wir wurden uns einig, dass es zu einem unangemessenen Vorfall führen könnte, wenn die Kirche an diesem Tag kalt bleiben würde. Die Herren warteten dann geduldig über eine Stunde, verteilt auf zwei Türen, bis ich meine Aufgabe erfüllt hatte. Ich wurde festgenommen und anschließend bis abends in einer Stasi-Zelle arrestiert, um ja keinen Aufstand in der damals schon etwas aufgeheizten Stimmung anzuzetteln. Das muss man sich vorstellen: Zwei erwachsene junge Männer bewachen von frühmorgens bis spätabends einen einzelnen harmlosen Menschen, der nichts weiter vorhatte, als zum Frühstück wieder zuhause zu sein.

Das Schlimmste waren die Erniedrigungen bei den monatlichen Verhören beim Rat des Kreises. Die Stasi-Männer waren psychologisch gut geschult in ihren perfiden Methoden, indem sie einen stundenlang warten ließen, im Stehen vor der Tür, dann Verhöre, was das soll und wer noch beteiligt ist und dass es unseren Wunsch eigentlich gar nicht geben kann. Jedes Vorsprechen dort hätte mit Verhaftung und Gefängnis enden können! Wer sich nicht ab und an dort sehen ließ, wurde aber nicht ernst genommen. Das Schlimmste war die Ungewissheit: Wann kommen wir dran? Fünf, sechs oder acht Jahre? Alles war unberechenbar, keiner sollte sich sicher fühlen. Das gehörte zum System.

Die Ausreise – auf nach Hessen

Am 1. August 1988 starteten wir in unser neues Leben. Eine harte Zeit war vorausgegangen, wir waren müde und angeschlagen. Bei einem Routine-Besuch im Stasi- Keller des Potsdamer Rathauses gab es ein Zeichen: Sie können packen! Wie jetzt? Wir sind dran? Kann ich das schriftlich haben? Nur leichtes Schulterzucken der Gegenseite. »Wir müssen doch noch unser Haus verkaufen!«. »Klar doch, machen sie sich keine Sorgen«. »Und das Auto?« »Nehmen sie es mit, sie fahren doch die richtige Marke«. Ich hatte das schon mal gehört, aber nicht wirklich daran geglaubt. Dann ging alles ziemlich schnell.

Es kam kurzfristig eine Dame vom Rat des Kreises auf uns zu, nannte einen Preis für unser Haus, der der nominalen Hypothek entsprach. Sie hatte nicht damit gerechnet, dass ich das Haus von einem vereidigten Gutachter schon mal hatte schätzen lassen. Es ergab sich eine ordentliche Differenz. Dumm gelaufen! Am Schluss wurde dann auch gezahlt. Es war klar, dass ein hochrangiger Bonze schon bereitstand, unser Haus zu übernehmen. Nur zur Miete – zum Glück für uns. Nie hätten wir gedacht, dass unser geliebtes Häuschen zum Faustpfand für den Weg in die Freiheit werden könnte.

Das Geld, das vom Verkauf übrigblieb, konnte man nicht mitnehmen. Es sollte verschenkt oder auf ein Sperrkonto gebracht werden. So kam es, dass wir drei Wochen lang mit größeren Scheinen lose in der Tasche herumliefen und einiges kauften, was uns zum Mitnehmen oder Verschenken sinnvoll erschien. 10.000 Ost-Mark blieben am Ende übrig. Die mussten wir im Umzugsgut verstecken. In der anderen Welt angekommen, tauschten wir es auf einer Bank in Wiesbaden. Wir bekamen dafür 978 DM.

Innerhalb 4 Wochen war alles geregelt und gepackt. Als letzte Schikane musste man komplette Listen des Umzugsgutes fertigen und einreichen. Jedes einzelne Buch, Kunstwerke, Möbelstücke, Werkzeuge. Die Gangster der »KoKo« lauerten bestimmt schon. Es war bei uns nichts zu holen. Wir hatten uns von vielen Dingen getrennt, die uns entbehrlich erschienen, aber eher den Kindern weh taten. Was uns besonders wertvoll war, wurde in oder auf den Golf gepackt. Eine westdeutsche Spedition war beauftragt, wenige Möbel und den Hausrat abzuholen und nach Abruf in den Westen zu transportieren. Das sollte uns den Start erleichtern.

Am frühen Nachmittag starteten wir bei meinen Eltern in Potsdam. Der Abschied war nicht so schwer, denn es waren die Einzigen, die wir bald wiedersehen würden. Sie waren als Rentner oft im Westen, sogar mit dem Auto und wir hofften alle, dass das weiterhin möglich bleibt. Aber man wusste ja nie ...! Mit den Geschwistern war es schwieriger. Keiner konnte sagen oder ahnen, ob und wann wir uns wiedersehen würden. Viele Tränen flossen.

Die Kinder, 14 und 9 Jahre alt, waren aufgeregt, die Eltern auch. Wir wussten, dass uns etwas Großes und Neues bevorstand. Nur »Normal« war es nicht.

Wir erreichten gegen 15 Uhr den Grenzkontrollpunkt Marienborn. Die uns vom Hörensagen bekannten Zeremonien und Schikanen der Grenzer blieben aus, wir wurden innerhalb einer halben Stunde durchgewunken. Anzunehmen ist, dass die Grenzer genau wussten, um wen oder was es sich bei uns handelt. Nur die um uns stehenden Fahrer der Westautos machten große Augen und stellten Fragen, denn einen Golf mit DDR-Nummer hatten sie dort noch nie gesehen. Um 16 Uhr betraten wir erstmals den Boden der Freien Welt. Keiner ahnte, dass ein gutes Jahr später diese hässliche Grenze verschwinden sollte.

Am nächsten Tag wurde Nachbars Viehzeug entfernt. Diese Schweine ...!

52

Neustart 1

Unser Zielpunkt war Langen bei Frankfurt/Main. Tante Hildegard, die Schwester meiner Mutter, wohnte dort seit Jahrzehnten. Wir kamen spät in der Nacht an und sie nahm uns liebevoll in ihrer kleinen Zwei-Zimmer-Wohnung auf und gab uns Hilfen, wo sie konnte.

Da standen wir nun, beide 38-jährig, mit unseren Kindern an der Hand, mittellos und ausgelaugt von einem jahrelangen Nervenkrieg, mitten in Hessen. Wir erlebten den ersten Schock beim Anblick der übervollen Regale im »Supermarkt«. Wozu braucht man das alles, und wovon soll man das bezahlen? In wenigen Monaten sollte es für uns Gewohnheit sein.

Es gab sehr viele Ereignisse in den ersten Tagen. Nach einer kurzen Pause mussten wir uns im zentralen Auffanglager in Gießen einfinden. Dort erfolgten notwendige Formalitäten und Befragungen und wir bekamen die Einweisung in eine Notunterkunft. Alle geeigneten Unterkünfte waren damals bundesweit überbelegt wegen der Flüchtlingswelle aus der DDR und andren Ostblockstaaten. In einer sehr schön gelegenen, aber heruntergekommenen Jugendherberge in Lorch am Rhein wohnten wir einige Tage zu viert in einem 10 m²-Raum. Aber Tante Hildegard fand eine Lösung und brachte uns vorübergehend im Freizeithaus unserer Wiesbadener Kirchengemeinde unter, wo wir noch im August einzogen. Unsere ersten Bande nach Wiesbaden waren geknüpft, sie sollten für die folgenden Jahrzehnte eine wichtige Bindung sein.

Damit verbunden waren erste Freundschaften und Erfahrungen. Im August findet immer die größte Party Hessens statt: die Rheingauer Weinwoche. An mehr als 100 Weinständen wird gefeiert und getrunken. Wir wurden eingeladen und feierten fleißig mit, war es doch die erste unbeschwerte Party seit langer Zeit. Die Fröhlichkeit und Ausgelassenheit steckten uns an. Die vielen neuen Eindrücke, zigtausend Leute auf einem Fleck und der viele Wein forderten Tribut.

Das neue Leben

Der Angestellte im Arbeitsamt sprach das breiteste Hessisch, wir mussten uns sehr konzentrieren, um ihn zu verstehen. Da stand man nun mit 38 Jahren erstmals im Leben im Arbeitsamt einer anderen Welt und uns wurden Fragen und Formulare um die Ohren gehauen. Was wir uns vorstellen würden, ob wir wüssten, wie schwierig das würde, keiner würde auf uns warten ...

Zunächst ging es nur ums Geld, das ist ja nicht unwichtig. Es wurde unsere Ausbildung zugrunde gelegt und danach der mittlere Vergütungssatz der westlichen Kollegen angerechnet. Man konnte zufrieden sein, aber erst nachdem der erste Bescheid angefochten wurde wegen zu auffälliger Fehler. Eine Stellenvermittlung war das sekundäre Thema, denn erst wenn wir eine feste Adresse hätten, würde es weitergehen. Da kommt ein fataler Kreislauf in Gang, den zu durchbrechen ein Kunststück ist. Ohne Wohnung keine Arbeit – ohne Arbeit keine Wohnung. Wir versuchten das Kunststück und fanden innerhalb vier Wochen eine Wohnung. Genau das, was wir nie suchten: Hochhaus, achter Stock, direkt unter der Startbahn West des größten deutschen Flughafens. Aber drei geräumige Zimmer und eine verständnisvolle Vermieterin. Anfang Oktober konnten wir einziehen, es konnte losgehen. In den folgenden Wochen war ich viel unterwegs zur Orientierung, zu Bewerbungstrainings, Vorstellungsgesprächen, Behörden, alles Neuland für mich. Welch ein Glück, das wir mit unserem Golf vom ersten Tag an beweglich waren.

Dann ergab sich ein Geschenk. Im Freizeit- und Gemeindehaus unserer Kirchengemeinde in Wiesbaden sollte die Wohnung des Hausmeister-Ehepaares frei werden. Die gab es nicht umsonst, die musste man sich mit den üblichen Hausmeisterarbeiten und der Reinigung verdienen. Diese Tätigkeit konnten wir uns gut aufteilen und nebenberuflich ausführen. Es war ein guter Start ins neue Leben. Wir waren schon in der Adventszeit und zogen zum dritten Mal in diesem Jahr um.

Nun musste es beruflich losgehen. Vorher aber kämpften wir noch um die Anerkennung unserer beruflichen Qualifikationen. Sowohl der Diplom-Ingenieur als auch die Krippenerzieherin waren als Beruf umstritten und in überheblicher Bürokratie zunächst nicht anerkannt. Wir ignorierten diese Hürde, beobachteten den Arbeitsmarkt und bewarben uns mit unseren Abschlüssen auf viele Angebote.

Bald war die Anerkennung der Ausbildung kein Thema mehr. Ein Bekannter aus unserer Kirchgemeinde bot mir an, im Entwicklungslabor seiner Elektrotechnischen Fabrik zu arbeiten. Faktisch war es ein Praktikum gegen gutes Geld, aber langweilig und artfremd, ich habe mich nicht wohlgefühlt und natürlich die Augen offengehalten, denn es ist etwas ganz anderes, sich aus einer Anstellung heraus zu bewerben, denn als Arbeitsloser.

Das Kurhaus

Die Taktik hat funktioniert. Nach drei Monaten wechselte ich meinen Job und wurde Technischer Leiter im Kurhaus Wiesbaden, einem sehr feinen, gerade sanierten Kongress- und Veranstaltungshaus der Stadt Wiesbaden.

Zu dem Zeitpunkt war von der ehemaligen mondänen Kurstadt Wiesbaden nicht mehr viel übriggeblieben. Anfang der 1990er Jahre gab es rings um das Kurhaus und den Kurpark noch einige Kur-Kliniken, die aber nach und nach dem Umbau des Gesundheitswesens zum Opfer fielen. Auch die vielen Thermalwasserquellen, denen die Stadt ihre Gründung verdankt, konnten daran nichts ändern.

55

Für das berühmte Thermalwasser, deren Förderung und Verteilung war ich auch zuständig.

Im feinen »Wohnzimmer der Stadt« war es angezeigt, täglich mit Krawatte und Jackett zu erscheinen. Das war ein Novum für mich. Die Reichen und Schönen der Stadt und des Landes liefen da in Scharen auf, denn es wurden dort sehr gute Veranstaltungen geboten, dir ihresgleichen suchten. Außerdem war ein Spielcasino angegliedert, in dem schon Fjodor Dostojewski seine Taler verloren hatte. Es ist ein sehr schönes Haus und der Anspruch an das Erscheinungsbild dementsprechend hoch. Jeder Mangel musste in kurzer Zeit beseitigt werden, der technische Anspruch war auf hohem Niveau, die Realität eher nicht. So gab es immer wieder etwas Neues zu planen. Sich in die Materie des Facility Managements einzuarbeiten fiel mir nicht schwer, da ich gewisse Bau- und Handwerkererfahrung hatte. Und mir kam zugute, dass ich selbst mal einen Beruf erlernt hatte und ich daher wusste, was man von Handwerkern verlangen kann. Der Umgang mit Mitarbeitern, ich hatte 15 Leute in meiner Abteilung, ist eben ein anderer als vom hohen Ross des Uni-Absolventen, der noch nie eine Lampe selbst aufgehängt hat. Obwohl ich vom Studium her nie von Management oder Personalführung gehört hatte, ist mir diese Fähigkeit intuitiv gelungen, oft von Vorgesetzten argwöhnisch beobachtet.

56

Nun war ich also dienstlich bei vielen hochpreisigen Veranstaltungen dabei. Wir richteten große Open-Air Veranstaltungen aus. Die drei »Großen Tenöre« erschienen nacheinander, große Galas der Unicef, der Bambi-Verleihung, Parteitage der Politik, Fastnacht, sehr gute Musik und vieles mehr wurden veranstaltet.

Es war immer ziemlich aufregend. Besonders in den letzten 100 Minuten vor Beginn der Veranstaltung steigt der Puls und der Adrenalin-Spiegel der Beteiligten. Der große Bankettsaal erstrahlt in festlichem Glanz, alles ist gedeckt und vorbereitet, die Kellner der Gastronomie stehen bereit. Dann: »Wir brauchen noch einen Tisch und 10 Stühle« sagt der Bankett-Chef. Dafür gibt es einen elektromechanischen Aufzug vom Parkett in den Möbelkeller, kein Problem. »Nur noch 15 Minuten bis zur Öffnung des Saales, nun macht schon!«. Doch der Aufzug steht im Keller und rührt sich nicht. Ein riesiges Loch im Fußboden. Ein Abgrund von vier Metern trennen die beiden Ebenen und lassen auf keinen Fall die Öffnung des Saales zu. Jetzt sind die Techniker gefragt, natürlich anwesend im Haus. Doch der Fehler lässt sich nicht finden, ein Problem in der Steuerung liegt vor. Die Elektriker heben die Hände und wollen aufgeben. Das hieße, die Veranstaltung abzusagen. Im Foyer fließt der Sekt in Strömen, in der Küche dampfen die Pfannen für das große Menü. Es steht eine Blamage übelster Sorte bevor. Wer hat die Lösung? Der Technische Leiter steht im schicken Sakko neben ölverschmierten Aufzugsspindeln und erinnert sich an seine Berufsausbildung. Wie war das noch? Die Wendeschützschaltung! Wenn man einen von den beiden per Hand betätigt, fährt der Motor in die eine ... oder andere Richtung. Was bleibt anderes übrig, so – oder so. Es gibt nur einen Versuch. – Fünf Minuten vor der geplanten Saalöffnung war der Aufzug wieder oben in der Normalstellung. Geschafft, es hätte aber auch schief gehen können.

Bei der Vorbereitung für ein großes internationales Fest ging es schief und es gab es einen folgenschweren Unfall. Im Gewusel der letzten Stunden vor Beginn probte ein italienischer Kinderchor auf der Bühne, während noch Licht- und Tontechnik eingerichtet wurde. Ein Techniker turnte auf einem Scheinwerfer-Rigg, als eine Seilbefestigung riss. Die abstürzende Traverse begrub den Dirigenten des Chores unter sich. Wie wir erst viel später erfuhren, hatte er Glück im Unglück, weil ihn der teure Konzertflügel des Hauses vor dem Schlimmsten bewahrt hatte. Seine Verletzungen waren immens, die teure Veranstaltung wurde abgesagt und die Kripo war einige Tage im Haus. Aber aufgrund des Unfalls war das gute

57

Arbeitsklima dahin, die Chefs bekamen kalte Füße und schlugen um sich. Das war der Anlass, sich beruflich neu zu orientieren. Aber inzwischen war ja etwas anderes passiert.

Der Mauerfall – Die Wende

Es hatte sich vorsichtig angedeutet, aber keiner hat es erkannt. Die Berliner Mauer und der Grenzzaun zum Westen bröckelten. Im September 1989 öffnete Ungarn den Grenzzaun zu Österreich und erlaubte auch DDR-Bürgern den Übergang. Das war einmalig, unvorstellbar. Ich rief meinen Bruder an und sagte: »Hey, die Mauer ist offen. Komm uns besuchen! Du musst nur einen kleinen Umweg machen, über Ungarn.« »Das verstehe ich nicht.« Ja, das war genau drei Monate zu früh, hätte aber funktioniert.

9. November 1989: Am Donnerstagabend war immer Chorprobe in unserem Gemeindehaus, in dem wir wohnten. Anschließend gab es meistens ein gemeinsames Treffen zum Abschluss. Es war gegen 22 Uhr. Irgendjemand sagte: In Berlin passiert gerade etwas, wer hat was gehört? In Berlin passiert immer etwas, was soll denn sein? Ich hatte noch keine Nachrichten gehört, ging in die Wohnung und schaltete den Fernseher ein. Was dann kam, treibt mir heute noch die Freudentränen in die Augen. Der Versprecher des Jahrhunderts, der die ganze Welt veränderte, wurde fortlaufend gesendet. Völlig konfus und damit missverständlich labert ein Mitglied der DDR-Regierung Zeug daher, das er selbst nicht verstanden und geglaubt hat. Ich brachte den Fernseher an den Biertresen und gemeinsam mit vielen Freunden schauten wir uns die Bilder der Grenzöffnung in Berlin an. Es war unfassbar.

Am liebsten wären wir sofort losgefahren, um diesen Augenblick mitzuerleben und zu feiern. Aber die Entfernung und die Unwägbarkeiten hielten uns davon ab. Denn am nächsten Abend waren wir feierlich bei meinem Chef eingeladen. Natürlich war die Maueröffnung das Thema. Er sagte; »Die Abstimmung mit den Füßen hat doch funktioniert! Und Sie beide haben dazu beigetragen!« Wir waren ein wenig stolz.

In diesem Moment war noch gar nicht klar, wie es weitergeht, aber alles war anders. Sollte das wirklich das Ende des »Kalten Kriegs« sein, der uns allen, besonders im Osten, so zugesetzt hatte? Das Ende des Mordens an der innerdeutschen Grenze, das inzwischen 628 Todesopfer gefordert hatte? Die internationale Diplomatie lief auf Hochtouren. Innerhalb weniger Wochen formierten sich die politischen Kräfte in Ost und West und begannen, sich zu beschnuppern. Vom »Sozialismus mit menschlichem Antlitz« bis zum Turbokapitalismus war alles am Start. Der Erfolg des einmaligen Experiments hing allerdings von einem Herrn G. aus Moskau ab. Der genehmigte den Deal der geplanten deutschen Wiedervereinigung. Dieses kurze Zeitfenster der europäischen Geschichte, quasi ein Wimpernschlag lang, veränderte Deutschland, Europa und die Welt. Wenige Monate später wäre das nicht möglich gewesen, Herr G. wurde abgesetzt.

Was versteckt sich hinter der »Wende«? Wer hat wen gewendet, ist bis heute die spannende Frage. Das Verständnis der verschiedenen Denkmuster in beiden deutschen Staaten ist der Auftrag der Geschichte, der bis heute nicht abgeschlossen ist. Wer konnte dazu besser beitragen als diejenigen, die auch beide Seiten kannten?

Urlaube 2

Nachdem das Meiste geregelt war, waren auch jährliche Urlaube drin. Sehr gute Erinnerungen haben wir an den ersten großen Urlaub. Es ging 1991 nach Griechenland, unser Traumziel war die Ägäis-Insel Mykonos, von der wir früher nie gehört hatten. Mit dem Auto! (Billigflieger gab es damals noch nicht). So ging es über fast zwei Tage mit dem Autoreisezug nach Athen. Mitten durch das umkämpfte Jugoslawien, am Horizont sah man gelegentlich Raketen- und Flakfeuer. Die zwei Tage in Athen waren wegen der Hitze in der Stadt unerträglich, wir haben nicht viel sehen können. Wir waren nicht die einzigen Deutschen im Land, denn wir sahen einige Trabis, die wahrscheinlich nicht mit dem Autozug gekommen waren. Die Deutschen nutzten ihre neuen Freiheiten. Es ging mit der Fähre nach Mykonos, nach einer Woche wieder aufs Festland, Olympia und Troja haben wir gesehen, Abstecher nach Peloponnes, Fähre nach Italien, Gardasee und Südtirol, Alpen und wieder Wiesbaden. Was haben wir alles gesehen! Das hätten wir uns zwei Jahre früher nicht vorstellen können. Die nächsten Jahre brachten uns öfter nach Italien, Südfrankreich, Paris, Dänemark, Portugal, Österreich und Irland, später dreimal in die USA. Großen Spaß hatten wir bei unseren jährlichen Winterurlauben in einem idyllischen Dorf in Südtirol gemeinsam mit unseren Freunden aus dem heimischen Potsdam.

So waren wir nun angekommen in der neuen Heimat. K. arbeitete wieder in ihrem alten Beruf als Erzieherin in einer Kita. Mit Überstunden, Bereitschaftsdiensten und dem Nebenjob Hauswart waren wir gut ausgelastet, gutverdienend und zeitweise am Limit des Machbaren.

Neustart 2

Drum prüfe, wer sich ewig bindet! Diese Weisheit begleitete mich immer durchs berufliche Leben. Da war immer Bewegung drin, gewollt oder ungewollt. 1994 wagte ich aus den oben genannten Gründen einen Wechsel. Eine Stadtwerke GmbH suchte einen Technischen Geschäftsführer. Ich war schon sehr überrascht und erfreut, als die Wahl auf mich fiel, hatte ich doch von Führung und Management nicht allzu viel Ahnung. Hier griff vermutlich wieder das Prinzip der Praxisnähe in meiner Vita, die überzeugt hat. Mir unterstanden jetzt, zusammen mit dem kaufmännischen Kollegen, über 100 Mitarbeiter in drei GmbHs. Zum wiederholten Male startete ich eine technische Revolution, denn in dem Betrieb gab es außer in der Personalabteilung und der Buchhaltung keine Computer. Der Start ins Internet-Zeitalter mit E-Mail, Automatisierung, Fernüberwachung und digitaler Dokumentation war an den Mitarbeitern vorübergegangen, eine spannende Aufgabe für mich. Ich war in meinem Element.

Hausbau 2

Noch bevor meine Probezeit im neuen Job zu Ende war, begannen unsere Überlegungen, ob nicht doch noch einmal ein eigenes Heim möglich wäre. Bau- und Grundstückspreise, einschließlich Zinsen, waren Mitte der 1990er auf einem Rekordhoch. Und wir wollten nicht ins Hinterland, sondern in die Taunushöhen zwischen Wiesbaden und Frankfurt / Main, die zweitteuerste Ecke in Deutschland, wie wir später feststellten. Viel Zeit zum Überlegen blieb nicht. Ein Herr im besten Alter wollte sich noch einmal ein Haus gönnen und suchte einen Partner zum Bau eines Doppelhauses. Wir wurden uns einig, die Bank spielte mit und wir wurden Nachbarn und Freunde.

Nachbar Wolfgang war froh, einen Mitstreiter mit Baukenntnissen gefunden zu haben. In gemeinsamen Verhandlungen mit Bauträger und Architekten konnten wir eine Kostenreduzierung in beträchtlicher Höhe erreichen. Der Bau dauerte acht Monate und war im Sommer 1995 fertig. Wir konnten mal wieder umziehen.

Eppstein im Taunus ist eine mittelalterliche Kleinstadt mit einer stattlichen Burg im Zentrum. Mit den eingemeindeten Nachbardörfern zählt man rund 14.000 Einwohner. In den Wohngebieten wohnen meistens zugezogene Städter, die tagsüber nicht da sind und sich abends nicht besonders für die Nachbarn interessieren. Wir versuchten, von Anfang an etwas vom Ortsgeschehen mitzukriegen. Wie schon beschrieben, gelang das am besten durch Mitgliedschaft in einem der Vereine. Da mir Fußball, Tischtennis oder Kleintierzucht nicht so zusagten, landete ich in der Blaskapelle des Dorfes. Ein reges Vereinsleben und vor allem eine gut gefüllte Vereinskasse erlaubten Unternehmungen, die sonst eher nicht möglich sind. Mit guten Freunden, die wir dort kennenlernten, erlebten wir viele frohe Stunden. Unvergesslich bleiben die Konzertreisen nach Chicago und Johannesburg/Südafrika.

Am Ende wurden es 22 Jahre, die wir dort wohnten, die längste Zeit, die wir je an einem Ort verbrachten.

Höhen – und Tiefen

Geschäftsführerverträge gehen üblicherweise über fünf Jahre, mit der Option der Verlängerung. Städtische GmbHs sind immer der Spielball der Kommune, die Geschäftsführer ihre Vasallen. Sie haben die Versorgerpflichten, müssen Geld ranschaffen für die Stadt, müssen die weniger beliebten Arbeiten machen, damit alles funktioniert. Für die Hobbypolitiker, die im Aufsichtsrat der GmbH sitzen, ist nicht Kompetenz gefragt, sondern lediglich ein Parteibuch. (Eventuelle Parallelen zu meinem früheren Leben sind rein zufällig). Der Bürgermeister, der mich eingestellt hatte, wurde zwei Jahre später abgewählt und sprichwörtlich in die Wüste geschickt. Ein neuer wollte sich profilieren und mit seinem besten (Partei)-Freund, meinem Kollegen, die Entscheidungen alleine treffen, ohne auf andere Rücksicht nehmen zu müssen. Was lag näher, als die Gelegenheit meines Vertragswechsels zu ergreifen und den Vertrag einfach auslaufen zu lassen. Mit der Steilvorlage verlor ich ein abgekartetes Spiel, und ich musste mich an die Worte meines Stellenvorgängers erinnern. »Passen Sie auf, dass ihr Kollege nicht den King macht!« Nach meiner Kündigung wusste ich, was er meinte.

Ich war 49 Jahre alt. Ich hatte enorme Herausforderungen gemeistert und mich in viele neue Dinge erfolgreich eingearbeitet. Was würde es mir nützen? Im folgenden Jahr schrieb ich über 100 Bewerbungen, nur bei drei oder vier kam es zum Vorstellungsgespräch – aber das war es. Keine neue Stelle in dem angepeilten Wirkungskreis war in Sicht. Nach spätestens 12 Monaten bekommt man kalte Füße, nicht nur weil das Geld knapp wird, sondern weil man wieder was schaffen muss, wie der Hesse sagt. Die Verpflichtungen laufen weiter. In den ersten Monaten meiner Anstellung als Geschäftsführer mit einem ansehnlichen Gehalt liefen mir Banker und Versicherungsvertreter die Bude ein mit Angeboten zur Geldanlage, Versicherungen, Fonds usw. »Wieviel Dispo darfs denn sein ...? 10.000? 20.000? Kein Problem!«. Umgekehrt geht es ganz schnell, alles wieder zurückzudrehen auf null. Ohne Vorankündigung. Es brennt der Kittel, was nun? Es war kurz vor der Jahrtausendwende.

Auszeit

Schlagartig war ich von fullspeed auf Leerlauf geschaltet. Das war etwas Neues. Wie soll das gehen? Ich musste hier raus! Es war absehbar, dass in den nächsten Wochen nichts Wesentliches passieren würde. Ich brauchte eine Pause. Der Verwandtschafts-Check ergab Jahre vorher, dass ich einige Groß-Cousins in den USA habe. Mein Großvater hatte elf Brüder, von denen einige in den 1920ern ausgewandert waren. Deren Nachfahren haben sich über Nordamerika verteilt, vorwiegend in Kalifornien. Drei davon hatten uns schon mal in Wiesbaden besucht, wir standen in Verbindung. So ergab es sich, dass ich, knapp fünfzigjährig, zum ersten Mal im Leben in ein Flugzeug stieg und über den großen Teich flog. Gott sei Dank hatte ich in Schule und Studium Englisch gelernt und nun erstmalig die Gelegenheit, es auszuprobieren. Es funktionierte recht gut dank der Offenheit und Freundlichkeit der Amerikaner.

Ich flog nach Los Angeles und nahm einen Leihwagen, um Südkalifornien zu erkunden und anschließend die Pazifik-Route gen Norden zu nehmen. Es war traumhaft. Zunächst von Hotel zu Hotel bis San Francisco, dann noch weiter nordwärts. In der Nähe des Yosemite-Parks lebte ein Großcousin mit seiner Familie. Ich wohnte zwei Wochen bei ihm und lernte rundum viel vom Leben in der Provinz Kaliforniens. Auch seinen Bruder und dessen Familie konnte ich besuchen, er zeigte mir die Gegend um Monterey und Santa Cruz einschließlich der Nationalparks. Wunderbar! Dass man sich in der großen, weiten Welt bewegen und verständigen kann, gab meinem Selbstbewusstsein einen positiven Schub. Mit welchem Recht haben die Kommunisten uns das alles vorenthalten?

Von San Francisco ging es zurück ins wirkliche Leben in Deutschland, es musste weitergehen, wie auch immer.

Die Jahrtausendwende

Die Eltern, nach wie vor in Potsdam wohnend, gingen auf die 80 zu. Einige Jahre vorher, ich war mit Vater auf einer Urlaubstour in Süddeutschland, zog er sich eine Salmonellenvergiftung zu. Diese gab einer beginnenden Demenz einen Schub und der Verfall war nicht mehr aufzuhalten. Die nicht barrierefreie Wohnung der Eltern zwangen uns dazu, Vater im Seniorenheim unterzubringen. Das erste war ebenfalls nicht barrierefrei (1. und 2. Stock ohne Aufzug), im zweiten war die Betreuung wie aus dem letzten Jahrhundert.

Ein Pfarrer im Ruhestand, dement und im fortschreitenden körperlichen Verfall, vegetierte förmlich dahin. Am Morgen des Heiligabends 1999 verstarb er. Wir hatten uns zwei Wochen vorher zum letzten Mal gesehen. Der übliche Winterurlaub in Südtirol wurde storniert und wir erlebten nun den Millenniums-Wechsel unverhofft in Potsdam. Mit dem traurigen Hintergrund der bevorstehenden Beerdigung war es nicht das fröhliche Fest, das wir uns lange vorgestellt hatten. Als Beobachter verfolgten wir das Millenniums-Feuerwerk am Berliner Brandenburger Tor. Was hatten wir nicht alles erwartet vom Jahr 2000, das uns nun bevorstand? Schmunzelnd mussten wir an unsere Jugend denken, in der uns die Zukunftsvisionen vorgespielt wurden, die bis heute nicht wahr werden konnten.

Wir mussten uns nun auch um unsere Mutter kümmern. Gesundheitlich seit Jahrzehnten angeschlagen, bewohnte sie noch die große Wohnung mit den vielen Treppen. Widerstrebend musste sie einsehen, dass sie das allein nicht länger bewältigen konnte. Einige Vorschläge zur Veränderung gingen daneben, bis sie sich selbst für eine altersgerechte Wohnung direkt in ihrer Nähe entschied. Sie wollte ihren Kiez nicht verlassen. Das Laufen fiel ihr immer schwerer und eines Tages schaffte sie sich ein kleines Elektromobil an, mit dem sie fast jeden Tag irgendwo in der Stadt unterwegs war. Mutter überlebte ihren Mann um acht Jahre und verstarb im Jahr 2007. Auf dem berühmten Bornstedter Friedhof sind beide beigesetzt.

Was ich mir nie vorstellen konnte: Ich ging in einer angespannten Situation ins neue Jahrtausend. Arbeits- und perspektivlos. Was ist zu tun? Man hat die Augen offen. Ruft jeden an, den man kennt. Kauft jeden Samstag die zwei dicken Zeitungen mit den Stellenanzeigen und greift pro Wochenende vielleicht eine heraus, die passen könnte. Irgendwann verliert man die Geduld und reagiert auch auf weniger seriöse Angebote. Eines davon war ein im Aufbau befindliches Franchiseunternehmen. Mit der beginnenden Liberalisierung des Energiemarktes wollte man Geld mit der Vermittlung von Energieverträgen verdienen. Das passt doch, wenigstens ansatzweise, dachte ich. Nach zwei Treffen mit den »Glücksrittern« war mir klar, dass es mit denen zusammen nichts werden würde. Keine Gegenleistung, kein Plan. Aber die Vorbereitungen und Überlegungen waren soweit fortgeschritten, dass ich es allein wagen wollte. Ein Ladengeschäft in der Stadt als Energieagentur und Handygeschäft. Innenstadt Wiesbaden, Fußgängerzone. Die Suche dauerte gar nicht lange, das Ganze bekam eine Eigendynamik und wenige Wochen später wurde mein Geschäft eröffnet,

Der Unternehmer

Im Bewusstsein, dass ich vermutlich nicht der klassische Unternehmertyp bin, ging ich das Abenteuer ein. Ein 120 m² großes Ladengeschäft kostet ordentlich Miete. Ausstattung muss rein, Grundausstattung der Ware, Anschlüsse Internet, Strom, Telefon usw. Das bezahlte ich mit dem Geld, dass ich durch den Hausverkauf unseres Hauses erzielte. Welches Haus? Unser erstes, von uns selbst gebautes Haus, das wir bei unserer Ausreise zurücklassen mussten. Da der derzeitige Mieter nicht Eigentümer war, war das Haus an die Treuhand-Gesellschaft übergegangen, die es wieder loswerden wollte. Sicher hätte es auch andere Käufer gegeben, aber wir hatten das Vorkaufsrecht, da wir immer noch als Grundstücks-Nutzer eingetragen waren. Allerdings musste ich dazu erstmalig die Eigentumsverhältnisse klären und die Vorbesitzer (West) ruhigstellen. Das ging mit einer ordentlichen Geldsumme, aber deutlich unter dem Marktwert. Der ganze Vorgang der Rückübertragung und der folgende Verkauf kostete viel Geld, viel Nerven, fast zehn Jahre Zeit. Der Erlös war okay, aber nicht so hoch wie erhofft. Eine gewisse Schadenfreude kam auf, als ich dem Bonzen der SED-Bezirksleitung, der sich in unserem Haus festgesetzt hatte, endlich kündigen konnte.

Nach gut zwei Jahren hatte ich den Haus-Gewinn im Geschäft versenkt und ich machte meinen Laden wieder dicht. Und mitten in diesem Schlamassel gab es noch ein weltbewegendes Ereignis. Ein Tag im September, keine Leute im Geschäft, öde Langeweile breitete sich aus. Ich hatte nie die Angewohnheit, im Hintergrund Radio oder Fernsehen laufen zu lassen. Das Telefon klingelte, mein Sohn rief mich an, der beruflich in Schottland weilte. »Ich komme heute nachhause, meine Veranstaltung wurde abgebrochen«. »Wieso«? »In New York stürzen gerade die Twin-Towers ein«. Der weltgrößte Terroranschlag veränderte die Welt.

Die Kinder – Die Familie wächst

Die Familie ging ihrer Wege. Wir gingen unseren Tätigkeiten nach, Geld verdienen war angesagt für alle. Dann kommen naturgemäß die Partner der Kinder dazu, einer nach dem anderen verlässt das Haus. Nach diversen Zwischenstationen in einigen deutschen Städten werden sie dann sesshaft, die großen Kinderchen. Es war die erste Hochzeit angesagt und es gab eine schöne Party bei uns. Unser Sohn heiratete.

Ab 2007 waren wir dann allein im großen Haus, die Kinder mit ihren Partnern inzwischen im Rheinland, Köln und Düsseldorf, 200 km entfernt. Alles gut, kein Problem, wir trafen uns immer zu den Geburts- und Feiertagen und vielen anderen Anlässen.

Neustart 3

Ein Musikfreund, Personalleiter einer Psychiatrieklinik im Taunus, rief mich an, als es meinem Geschäft immer noch nicht gut ging: »Hör mal, unsere Klinik sucht einen neuen Technischen Leiter. Das ist doch dein Ding, bewirb dich, wenn du magst.« Das war wirklich mein Ding. Ich schickte die Bewerbungsunterlagen mit dem Gefühl weg, was ich von den 100 anderen Bewerbungen noch kannte: Schade um das Porto. Die Bewerbungsfotos waren inzwischen schon zwei Jahre alt. Nach der zweiten Vorstellungsrunde bekam ich den Zuschlag. Endlich hatte mal ein Netzwerk funktioniert. Und: Zum ersten Mal im Leben bekam ich eine Anstellung, die einen christlichen Hintergrund forderte. Zum ersten Mal im Leben half mir mein Christsein, eine Krise zu überwinden. Eine Klinik mit 240 Betten, 11 ha Grundstück, 25 Gebäude, 350 Mitarbeiter und viel Investitionsstau. Ich hatte einen komfortablen Einstieg, indem mein Vorgänger noch drei Monate zur Verfügung stand. Das versetzte mich in die Lage, abseits vom Tagesgeschäft eine Strategie zu erarbeiten, wie es weitergeht. Viel Geld war nötig, um das veraltete Energiezentrum der Klinik, ein Heizhaus mit Fernwärmenetz zu sanieren. Es war viel Arbeit, mein tägliches Stundenpensum betrug etwa 10 Stunden. Hinzu kam der technische Bereitschaftsdienst, der die ganze Woche dauerte und meine ständige Anwesenheit forderte. So hatte ich viel Zeit zum Arbeiten und nutzte sie.

Der Sanierung der Heizungs- und Energietechnik im gesamten Klinikbereich war ein Millionenprojekt und wurde sehr erfolgreich abgeschlossen. Wir bekamen Auszeichnungen des Umweltschutzes als Musterbeispiel der Energieeffizienz in Krankenhäusern. Es war auch eine günstige Voraussetzung für die folgende Baumaßnahme eines neuen zentralen Bettenhauses der Klinik. Die über 100 Jahre alte Klinik hatte nun ein neues Erscheinungsbild. So waren die letzten fünf Jahre meines Berufslebens keineswegs ruhig, sondern mit allerhand Stress und Ärger verbunden. Wieder einmal wurde gebaut, und zwar richtig.

Glaubensfragen

Die Arbeit in einer christlichen Klinik brachte meine Religiosität wieder mehr hervor. Sie war etwas vergraben worden in den Jahren davor. Ich war nach wie vor sonntäglicher Gottesdienstbesucher, im Gemeindevorstand und im Posaunenchor aktiv. War ich nicht nur aktiver, sondern auch gläubiger Christ? Mit der Bibel auseinanderzusetzen oder im täglichen Gebet mit Gott zu sprechen, war eher selten. War der seit Jahren anhaltende Stress schuld? Mit dem damaligen Pfarrer unserer Gemeinde, dessen Glauben und Engagement mich sehr beeindruckte, verbindet mich eine Freundschaft bis heute. Auch in der nahe gelegenen Theologischen Hochschule, an der mein Vater vor über 50 Jahren schon studierte, war ich im Vorstand als Berater für die Gebäude und technischen Dinge aktiv.

Die christliche Seelsorge in einer charismatischen, pietistisch geprägten Klinik war etwas Besonderes. Täglich fanden Morgenandachten für die Patienten statt, die Arbeitswoche für Mitarbeiter begann mit einer Wochenandacht. Dafür wurden Mitarbeiter gesucht und gefunden. Mein Freund W., inzwischen Pfarrer im Ruhestand und ehrenamtlich als Seelsorger in der Klinik tätig, erinnerte sich an unsere gemeinsame liturgische Zusammenarbeit und bewegte mich dazu, Andachten für die Mitarbeiter und Patienten zu halten. Mein geerbtes Theologen-Gen wurde erweckt.

Sport ist Mord?

In der Arbeitswoche war keine Zeit für sportliche Aktivitäten. Die Klinik war mit verschiedenen Sport- und Therapiemöglichkeiten ausgestattet, die ich manchmal nutzte. Allein der Rundgang rum um das Klinikgelände auf herrlichen Waldwegen dauerte eine Stunde. Das Alltagsgeschäft war keineswegs nur Büroarbeit, sondern erforderte Beaufsichtigung der Fremdfirmen und der eigenen Mitarbeiter, Rundgänge, Konferenzen usw. Aber einen Luxus leistete ich mir: Freitag war mittags Feierabend. Das Zeitkonto war gefüllt, das lange Wochenende konnte beginnen.

Mein Freund R. gründete eine Wandergruppe und wir wanderten zwei bis drei Mal im Jahr anspruchsvolle Touren, zum Beispiel – über Jahre verteilt – den Rheinsteig von Wiesbaden bis nach Bonn. Im Taunus wanderten wir gern herum, stiegen einige Male auf den Feldberg und den Altkönig. Irgendwann kam ein Mountainbike dazu und ich machte viele Radtouren, am liebsten an Main, Rhein und Mosel.

Im August 2009, es war mein letzter Urlaubstag, stieg ich mit derselben Absicht aufs Rad und wollte den Main entlangfahren. Ich kam nur 500 m weit. Unser Haus stand auf der höchsten Erhebung des Dorfes. Richtung Frankfurt musste man immer erst bergab, um dann durch ein schönes Tal auf der Landstraße zu fahren. Die Dorfstraße hinunter hat ein Gefälle von mehr als 15 Prozent. Schnell war ich auf 40 km/h und schon fast unten, als sich vom Fahrtwind meine Schirmmütze löste. Instinktiv fasste ich danach, obwohl ich beide Hände fest an der Bremse hatte. Hätte ich doch nur die andere Hand genommen! Und hätte ich doch lieber den Helm aufgesetzt!

Als ich wieder zu mir kam, war der Rettungswagen mit Blaulicht und Martinshorn schon kurz vor der Uniklinik Frankfurt. Die folgenden Not-OPs an Kopf, Kiefer und Ellenbogen dauerten sechs Stunden, in den folgenden Wochen folgten noch weitere Reparaturen. Nach drei Wochen Klinikaufenthalt konnte ich immer noch keine feste Nahrung zu mir nehmen, da mein Kiefer fest verdrahtet war. Doch nach sechs Wochen saß ich wieder am Schreibtisch und nahm die Arbeit auf. Es gab viel zu tun.

Die Enkelin

Im selben Monat gab es aber auch ein großes Geschenk: Unsere Enkelin wurde geboren. Lilli, unser Sonnenschein, bescherte uns vom ersten Tag an bis heute riesengroße Freude. Ausgeglichen, intelligent, hübsch, sportlich, können ihre Eltern und wir sehr stolz auf sie sein. Wir lieben uns sehr. Durch die Entfernung sehen wir uns nicht so oft wie gewünscht, aber das ist für unsere Beziehung kein Problem, die modernen Kommunikationsmittel machen es möglich. Inzwischen ist sie zwölf. Es kommen spannende Jahre.

Ortswechsel West – Ost

Der vertraglich vorgegebene Eintritt in den Ruhestand rückte näher. Meine liebe Ehefrau war schon zwei Jahre vorher in die Ruhephase eingetreten – Altersteilzeit. Ich hatte dieses Privileg nicht und das war gut so. Wenn wir gleichzeitig in Rente gegangen wären, hätte es sein können, dass wir mit der neuen Situation nicht sofort klargekommen wären. So war es ein sanftes Hineingleiten in den letzten Lebensabschnitt. Sollte es jetzt langweilig werden?

Sie kam aus heiterem Himmel – die Überlegung, die wir vorher nie im Kopf hatten: Sind wir hier am richtigen Fleck, wenn wir mal 80 Jahre alt sind? Hier im Taunus-Dorf, dreihundert Meter über N.N. Im großen Haus (3 Etagen), immer aufs Auto angewiesen, denn die öffentliche Anbindung war nicht besonders gut. Keine Verwandtschaft war in der Nähe, aber einige neue Freunde. Gewiss gibt es für alles eine Lösung, aber könnte es sein, dass wir uns verkleinern – und verbessern können? Nach einigen Überlegungen und Besichtigungen war klar, dass wir, wenn wir umziehen wollten, die alte Heimat bevorzugen würden. Trotz der 30 Jahre Entwöhnung war dank der deutschen Einheit wieder etwas gewachsen: die Schönheit und Attraktivität unserer Heimatstadt Potsdam und deren Umgebung. Trotz der Entfernung haben wir zu allen Freunden und Verwandten über die Zeit guten Kontakt gepflegt und waren deshalb wieder willkommen.

»Lass uns doch mal schauen, ob da was geht!« Es ging.

Zurück in die Heimat

Es war ein unglaublich schneller Prozess. Bei einem Besuch »zuhause« kam ich in unsere Straße, in der wir Haus 1 gebaut hatten. Ein verwildertes, unbebautes Grundstück weckte mein Interesse und ich klingelte beim Nachbarn. Riesenzufall: Ein Freund und ehemaliger Kollege öffnete. Zu dem Grundstück konnte er keine Verbindung herstellen. »Mein Nachbar direkt gegenüber will demnächst verkaufen« sagte er. Ein schnuckeliges Grundstück, ideale Größe und Lage, bebaut mit einem Wochenendhäuschen. Das sollte es sein – und wir wurden uns einig. Der Verkauf von Haus 2 und der Kauf des neuen Grundstücks gingen rasch über die Bühne. Wir durften uns mal wieder Gedanken über das Bauen machen:

Was geht, was soll, was muss nicht? Wir waren ja in Übung, wussten, was wir wollten.

Mit 66 Jahren, da zogen wir nochmal um ... aber noch nicht ins neue Haus, das war noch nicht da. Die Käufer von Haus 2 wollten in ihr Haus einziehen. So zogen wir mal wieder nach Babelsberg. Dort hatten wir schon mal in unserer jungen Ehe gewohnt. Unser Hausstand wurde durch einen Spediteur in Mainz eingelagert. Wir kamen mit einem Kleintransporter mit den wichtigsten Utensilien und zogen zur Untermiete in die Wohnung eines Freundes, der im Ausland arbeitete. Nun hatten wir den Kopf frei und waren in der Nähe, um uns auf Haus 3 konzentrieren zu können.

Nach genau dreißig Jahren hatte uns Potsdam wieder.

Hausbau 3

Welch ein Zufall! Wir ziehen wieder in dieselbe Straße, in der wir schon einmal gebaut hatten! Eine Uralt-Maxime der Immobilienbranche hatte sich zufällig erfüllt: Lage, Lage, Lage! Unser letztes Grundstück im Taunus war 295 m² groß, demzufolge nur ein Doppelhaus möglich und es blieben gerade 150 m² Grünfläche übrig. Dagegen erwarteten uns nun 700 m² Grün, teils mit hohen Kiefern und gut eingewachsen. Ein Paradies für meine Liebste K. mit dem grünen Daumen. Ohne Landschaftsarchitektin, einfach aus dem Bauch heraus schafft sie zum dritten Mal eine grüne Oase, die uns nun in den Lebensabend begleiten soll.

Ein moderner Wohnbungalow sollte es werden, barrierefrei und seniorengerecht. Der Fertighausmarkt dafür ist schier unendlich, die Preisunterschiede enorm. Mit einer polnischen Fertighausfirma hatte ich schon zweimal zusammengearbeitet, die Qualität war überzeugend. Eine Orientierung im Internet ergab die für uns passende Preisklasse und anhand des Außengrundrisses erstellten wir unsere Wünsche für innen. Ein Winkelbungalow mit Walmdach passte am besten zu unseren Vorstellungen. Die Fertighausfirma arbeitet mit deutschen Architekten zusammen, die Feinplanung dort bis zum Bauantrag erfolgte ausschließlich per E-Mail-Kommunikation. Zur Endbemusterung der finalen Ausstattung fuhren wir erstmals zum deutschen Vertriebsbüro.

Eigentlich ist das Aufregendste die Planung. Bis dann die Baugenehmigung vorliegt, vergeht meistens ein Jahr. Unser Problem war folgendes: Das Grundstück war ja bebaut, ein sehr gut gepflegtes Anwesen mit einem ausgebauten alten DDR-Bungalow. Der Eigentümer wohnte noch darin und wartete auf die Fertigstellung seiner neuen Wohnung. Diese verzögerte sich, wie es oft vorkommt, und wir mussten geduldig warten, bis der Bungalow leergezogen war. Das war im Oktober 2018 der Fall. Dann ging es an den Abriss des Bestandes und die Fertigung der neuen Bodenplatte. Diese war naturgemäß die Voraussetzung zum Start der Produktion unseres Hauses und der anschließenden Aufstellung. Das Warten auf den Stelltermin des Hauses erfordert dann wieder etwas Geduld!

Für uns sollte es der 15. März 2019 werden. Das Haus kommt! Alle Vorbereitungen waren getroffen, die Bodenplatte fertig, der Autokran vor dem Grundstück versperrte die Straße. Der lange LKW kommt mit dem gesamten Haus und die polnischen Jungs fangen routiniert und gelassen an zu arbeiten. Die Außenwände standen nach zwei Stunden, am Abend waren die Dachbinder schon gestellt – das Haus hatte schon seine zukünftige Form.

Ich hatte im Leben viel mit dem Bauen zu tun. Die DDR-Zeit ausgenommen, war es seit meinem Wirken als Technischer Leiter immer mein Brot, mit Handwerkern und Baufirmen umzugehen. Jeder kennt das Thema. Kommen sie pünktlich? Wenn ja, klappt alles termingerecht und liefern sie Qualität? Ein Roulettespiel. Alles habe ich kennengelernt, von guten zuverlässigen Familienbetrieben über bekannte Großfirmen bis zu Pfuschern und Betrügern, die man vom Hof jagen musste. Generell aber ist die Regel, dass es beim ersten Mal selten klappt. Irgendwas kommt immer dazwischen. Nicht so bei den polnischen Kollegen.

In den ersten Tagen wuselten sieben Männer von 7 bis 19 Uhr motiviert und gut organisiert. Am vierten Tag war schon das Dach fast fertig, der Innenausbau ging gut voran. Dank der gut strukturierten Vorfertigung waren die Gewerke Elektro und Heizung schnell durch. Nach zwei Wochen kam der Estrich, zehn Tage später der Fliesenleger. Fertigstellung und Übergabe des Hauses war am 30. April 2019. In nicht ganz sieben Wochen kann man ein Haus aufbauen und komplett fertigstellen, einschließlich Malerarbeiten und Außenputz. Nun wohnen wir seit über zwei Jahren darin und sind mit der Qualität immer noch sehr zufrieden. Keine Mängel! Und wir sind schon auch pingelig.

Alles wurde sehr gut. Nicht in sieben Tagen, aber in sieben Wochen. Es kam der 8. Umzug in unserer Ehe. War es der letzte??

Die Gesundheit – die Pandemie

»Gesund ist, wer versöhnt lebt und mit seinen seelischen und körperlichen Einschränkungen zuversichtlich leben kann.«
Jürgen Mette, Pastor und Publizist

Bis zu meinem 68. Lebensjahr war ich kerngesund. Die angesagten ärztlichen Vorsorge-Untersuchungen ließ ich gelegentlich über mich ergehen, ansonsten waren ärztliche Konsultationen selten. Zwei Unfälle habe ich ohne wesentliche Beeinträchtigungen überstanden. Auch die letzten Außenarbeiten am neuen Haus haben Spaß gemacht und ich war stolz, es allein vollendet zu haben. Zeitgleich mit dem Abschluss all dieser Arbeiten erreichte mich beiläufig eine neue ärztliche Diagnose: idiopathisches Parkinson-Syndrom. Das war keine freudige Nachricht und ich brauchte einige Monate, um mich mit dieser Krankheit zu arrangieren.

Es gab gewisse Vorzeichen, die man gern ignoriert, solange sie nicht vordergründig alles beherrschen. Aber irgendwann setzten sich die Symptome durch. Der Riech- und Geschmackssinn wurde immer schwächer. In gewissen Stresssituationen fing mein linker Arm an, unkontrolliert zu zittern. Das behinderte mich immer mehr bei meinem musikalischen Hobby an der Posaune. Da man die Posaune mit links hält, ist ein Tremor hier sehr unangebracht, denn das Vibrato im Ton ist nicht kontrollierbar und deshalb unerwünscht. Es folgen weitere Symptome, mit deren Abklärung ich nun laufend beschäftigt bin. Ein tröstliches Wort der Klinik-Ärztin dazu war: »Sie sterben nicht an Parkinson, sondern mit Parkinson«. Oder, gerade in einem Prospekt gefunden:
Parkinson heißt: - beweglich und nicht beweglich sein
- alles können und doch nichts allein
- festkleben und dann losrennen
- wollen und doch nicht können
- mal zappeln und mal zittern
- es ertragen und sich dazu bekennen
- behindert und doch nicht behindert sein

74

Das macht Mut, denn es bedeutet, dass das Leben erst einmal weitergeht. Und so ist es auch. Es gibt bisher nichts, was gar nicht mehr geht. Wandern, Fahrradfahren, Musik übe ich noch gern aus. Die Posaune habe ich durch ein Euphonium ersetzt, eine Mini-Tuba, die mit Ventilen bedient wird. Beim Wandern und Radfahren bin ich vielleicht etwas langsamer als andere, wobei ich etwas mit dem Pedelec gutmachen kann. Aber: Der Zahn der Zeit nagt am Körper, keine Frage!

Covid 19

Einen Slogan hören wir nun abgewandelt seit einem Jahr: ... »Es starben in dieser Woche 829 Personen an oder mit Corona! ...« Ab März 2020 wurde Europa in eine Schockstarre versetzt, die wir noch nicht kannten. Begegnungs- und Reiseverbote, Schließung aller öffentlichen Einrichtungen, komplette Niederlegung aller zivilen Gewohnheiten. Eine Pandemie ungeahnten Ausmaßes hatte die ganze Welt erfasst. Im August 2021 verzeichnen wir weltweit über 4,4 Millionen Corona-Todesfälle, in Deutschland über 92.000 Tote. Wann hat es das jemals gegeben, wieso passiert das in einer gut organisierten zivilisierten Welt? Wieso kriegen wir das nicht in angemessener Zeit in den Griff? Wir haben seit Menschengedenken die beste Hygiene, die besten Gesundheitssysteme, die vollendeten Kommunikationsmittel, die WHO – und dann das?

So mussten wir alle lernen, mit den ungewohnten Regeln umzugehen, in Schule und Beruf, im privaten, öffentlichen und kulturellen Umfeld. Keine Begegnungen, keine Reisen, keine gemeinsamen Unternehmungen. Keine Kultur. Wie lange reicht die Resilienz gegen die absolute Enthaltsamkeit? Bleibt das am Ende immer so? Wir wissen es nicht. Hoffnungsvoll haben wir die beiden COVID-Impfungen erhalten. Licht am Ende des Tunnels? Wir werden sehen, noch ist es nicht ausgestanden, denn die Intelligenz der Menschheit stößt an ihre Grenze. Was bewegt Querdenker oder Impfgegner und -leugner zu ihrem Verhalten?

Potsdam 2017

Potsdam - wie hast du dich verändert! Es hat etwas gedauert, bis es nach der Wende losging, aber dann wurde die Stadt wachgeküsst. Die Spuren der Kriege und der sozialistischen Mangelwirtschaft wurden und werden beseitigt und die Stadt erstrahlt schöner denn je. Dank guter geografischer und historischer Gegebenheiten wurde aufgebaut, restauriert und renoviert und Potsdam wurde zur Vorzeigestadt der »Neuen Bundesländer«.

Wie erwähnt, hatten wir die Verbindung »nachhause« nie abreißen lassen. Demzufolge waren wir auch gut informiert, wie sich Potsdam entwickelt, politisch, baulich, gesellschaftlich. Es war aus der Ferne interessant und aufregend, aber wenn man es vor Ort erlebt, ist es noch einmal etwas anderes. Die »Mauer«, gegen die wir als Jugendliche und Erwachsene ständig gerannt sind, war nicht mehr da. Sorgfältig weggeräumt einschließlich der umgebenden Narben. Schmutzige Ecken und Hinterlassenschaften gibt es noch wenige. Und wie ist es in den Köpfen? Ist die Einheit nun vollendet? Wo sind die blühenden Landschaften?

Diese Frage hat uns immer bewegt. Sie hat uns bewegt, als wir – vor der »Wende« – in den Westen gezogen sind und dort auf viel Unwissenheit bezüglich der Zustände in der DDR gestoßen sind. Sie hat uns bewegt, als wir wieder herkommen konnten nach dem Mauerfall und bei den Brandenburgern eine gewisse Distanz zur allgemeinen Euphorie feststellten. Und die Frage bewegt uns heute noch, mehr als 30 Jahre nach dem Start ins neue Deutschland – das beste Deutschland, dass es je gab. Die Wiedervereinigung 1990 ist das größte Geschenk der Politik in Europa seit Menschengedenken. Entgegen den Denkweisen der gegensätzlichen Systeme war es eine Auflösung des gordischen Knotens auf eine unerwartete, ungewöhnliche Art: der Sieg einer friedlichen ideellen Revolution.

Ein Wunder? Gottes Fügung! Ja!

Epilog

August 2015. Noch in Trance wische ich mir den Schweiß von der Stirn. Was habe ich nur alles geträumt? Wo bin ich? Was habe ich erzählt? Für wen war das alles bestimmt? Die Therapeutin spricht von Vergangenheitsbewältigung als Voraussetzung einer erfolgreichen Therapie. »Was gibt es denn zu therapieren?« Da war es wieder: mein Trauma!

Die Therapeutin gibt es nicht. Die Reise ins Ich hat aber stattgefunden. Ist das das Ende der Selbstfindungsphase, die ein ganzes Leben dauert? Habe ich gefunden, wonach ich gesucht habe? Alles richtig gemacht?

Ich bin kein Patient der Klinik. Das Einzelzimmer ist mein Büro. Der Computerbildschirm flimmert teilnahmslos. Keine Herzfrequenzen, sondern die Energieverbrauchskurven der letzten Monate ploppen auf. Richtig, das wollte ich heute noch fertig machen. Heute ist mein letzter Arbeitstag. Ich war hier angestellt, 13 Jahre Abteilungsleiter Technik, die längste Zeit, die ich jemals angestellt verbracht habe. Ich habe Spuren hinterlassen, die Zeit hat Spuren bei mir hinterlassen. Die Klinik dankte es mir mit dem »Goldenen Kronenkreuz der Diakonie« Der einzige Orden eines ganzen Lebens. Ist das genug?

Ich denke: Ja. Es hat Spaß gemacht, nicht nur für sich zu arbeiten, gegen den Strom zu schwimmen, sich nicht mit dem Normalen zu begnügen. Leicht war es nicht. Danke dafür!